CAMÉRA
CAFÉ
LES TEXTES
VOLUME 1

ISBN 2-221-10478-1

Jean-Yves Robin présente

Alain Kappauf

Yvan Le Bolloc'h

Bruno Solo

auteurs
Alexandre et Jérôme Apergis
Alain Bouzigues
Frédéric Le Bolloc'h
Raphaël Lenglet
Lionel Moreau
Hervé et Laurent Nicourt
Jean-Pierre Pascaud

CAMÉRA CAFÉ

LES TEXTES VOLUME 1

CALT
C'EST A LA TELE

Robert Laffont

LES PERSONNAGES

JEAN-CLAUDE CONVENANT ((Yvan Le Bolloc'h)
Cadre commercial, 15 ans de boîte

Homme d'expérience et de terrain, parti de la base pour atteindre son statut actuel. Il habite avec sa femme et ses trois enfants en périphérie de la ville dans une maison qu'il a en partie construite.

Issu d'une famille modeste, il n'a pas fait d'études (pas si loin que ça de l'analphabétisme) mais a cependant développé une très grande intelligence des contacts humains. Il est très roublard et sans méchanceté volontaire.

A l'assurance quelquefois lourdingue d'un homme qui atteint ses objectifs professionnels grâce à un culot certain.

Instinct et gouaille de vendeur de voitures, Jean-Claude n'a que très rarement des problèmes existentiels en dehors de ceux générés par sa femme qu'il trompe à tour de bras et de ses enfants insupportables (surtout Jason, l'aîné, toujours proche de la délinquance). Il aime les pots en toutes occasions, revient souvent tard des déjeuners d'affaires où il force allégrement sur la bouteille.

Ses points de chute de prédilection : le *Balto* où il « patine le zinc » et la *Pintade qui fume*, sorte de cantine de substitution.

Il ne lit pas, ne va pas au cinéma ni à aucun autre spectacle. Il va en boîte quand il se déplace en province.

Un rien macho et dragueur à deux balles, il aime toutes les femmes (spécialement entre 18 et 55 ans). On peut dire que sa bite lui tient lieu de cerveau. Et qu'une femme en particulier lui enflamme le cerveau : il s'agit de Shirley, la directrice administrative et financière.

Un a priori sérieux contre toute personne mâle issue d'une grande école.

Passionné par les voitures et tout ce qui a trait à la voiture, il se prend volontiers pour un as du volant. Sa voiture (Xantia) est équipée d'un klaxon qui beugle « La cucaracha ».

Heureux propriétaire d'un camping-car qui lui tient lieu de résidence secondaire en cas d'incident diplomatique (très fréquent) avec sa femme Véronique (Véro).

HERVÉ DUMONT (Bruno Solo)
Responsable des achats, délégué syndical, 12 ans de boîte

Parti du bas de l'échelle, Hervé s'est fait lui-même. Il est depuis 5 ans directeur des achats. Divorcé sans enfants, il habite un appartement en ville. A hérité de biens immobiliers et de terres; un secret qui (à son grand dam) n'en est plus un pour personne, ce qui n'arrange pas sa réputation justifiée de pingre.

Cynique, désabusé, il a l'esprit vif, la répartie cinglante.Très engagé politiquement, il aime partager ses réflexions pas toujours objectives sur les thèmes de société. Pas disposé à perdre ses prérogatives de syndicaliste maison, il revendique toujours plus que nécessaire, et ses diatribes sont très peu suivies d'effets. Par ailleurs, il se révèle toujours prompt à retourner sa veste lorsque la situation ne tourne pas à son avantage.

Chauvin, presque franchouillard, il voue un culte à l'exception culturelle. Sa mauvaise foi et ses contradictions l'entraînent souvent dans des situations pénibles qui lui font peu honneur.

Chaud lapin, il se montre peu subtil et gauche avec les femmes. Sa petite faiblesse: une relation consommée et épisodique avec une Fred très dominatrice avec lui.

Principaux hobbies: la lecture des journaux, l'histoire «sociale» et une grande passion pour le cinéma d'auteur (c'est un dictionnaire du cinéma).

Son surnom: le Pélican, mais peu utilisé.

Il collectionne les galets peints.

Gimmick de langage: «Ça va bien faire chier la direction!» après ses numéros de justicier social, et «Dis donc», hurlé lorsqu'il est à court d'arguments.

JEANNE BIGNON (Jeanne Savary)
Secrétaire de direction, 10 ans de boîte

Jeanne, environ 30 ans, a commencé dans la boîte immédiatement après avoir eu son bac secrétariat. Elle est l'assistante de Jean-Guy (DRH) et entretient avec ce dernier des relations (de travail) quasi sado-masochistes.

Divorcée, avec trois enfants (2 filles dont une s'appelle Lise, et un garçon de 5 ans) à charge, elle mène une vie sentimentale décousue et cherche, déconvenue après déconvenue, le prince charmant qui tarde à venir. Son ex-mari se prénomme Jean-Louis.

Elle vit dans un appartement F5 en ville.

Jeanne est une fille facile à vivre, que tout le monde apprécie. D'une naïveté jamais démentie, elle est aussi simple, ouverte, et toujours disponible ; caractéristiques qui en font une victime désignée.

A une propension à se montrer excessivement enthousiaste ou au contraire du plus profond pessimisme. Imperméable à la politique et « aux trucs compliqués » en général, elle pourrait être l'archétype de la culture de masse.

Les problèmes liés aux enfants ne lui laissent que peu de temps à consacrer à sa propre culture, si ce n'est une connaissance approfondie de l'astrologie et de la vie des stars, glanée dans la presse spécialisée. Jeanne vient en bus le matin, elle laisse ses gosses chez la nounou pendant la journée.

Ses fleurs préférées sont les bégonias ; elle a lu *OK Podium* jusqu'à ses 22 ans.

Son ex-mari se faisait chier au lit avec elle et toute la boîte est au courant.

MAÉVA CAPUCIN (Armelle)

Employée au service archives, 3 ans de boîte

Maéva partage un petit appartement en ville avec son chat Anthistène.

Lunaire, complexée et introvertie, elle n'attire pas les hommes (en dehors de Sylvain, son équivalent masculin).

Sa façon de s'habiller en mémère n'arrange rien. Sa sensibilité extrême la conduit à avoir des réactions disproportionnées dès qu'elle croit être la victime de l'hostilité des autres.

Principaux hobbies : les séries télé tristes, les films tristes, les romans tristes. Elle écrit par ailleurs des poèmes qui oscillent entre l'idéalisme niais et la propagande pour le suicide collectif. Elle aime à les faire partager.

Son inexpérience totale des hommes, son « décalage » sont des faiblesses dont s'amusent avec férocité ses collègues.

Une idylle naissante et non consommée (le sera-t-elle un jour ?) s'installe avec une lenteur exaspérante entre elle et Sylvain.

SYLVAIN MULLER (Alexandre Pesle)
Employé au service gestion, 4 ans de boîte

Sylvain, 28 ans, habite un petit studio en proche banlieue dans le même immeuble que sa mère.

Sylvain traîne son mal-être d'adolescent attardé comme un boulet. Sa quête permanente de reconnaissance et d'affection, sa tendance à s'épancher le rendent la plupart du temps pesant pour son entourage.

Idéaliste naïf, il est velléitaire sans jamais avoir les moyens de ses ambitions. C'est une victime désignée ; le souffre-douleur de ses collègues masculins.

Sa vie sentimentale et sexuelle est inexistante, en dehors d'une petite idylle encore platonique avec Maéva.

Consciencieux dans sa carrière de comptable, véritable vocation héritée d'une longue tradition patriarcale, Sylvain respecte autant que faire se peut le code d'honneur de sa profession. Par ailleurs, Sylvain pourrait servir de mètre-étalon en matière de fayotage en entreprise.

Principaux hobbies : le calcul mental, la lecture de magazines sur les nouvelles technologies, les « dimanches scrabble » avec sa mère.

Chanson favorite : « Le petit bonhomme en mousse ».

Gimmick de langage : « Oh mais euhhh ! ».

JEAN-GUY LECOINTRE (Gérard Chaillou)
DRH, 16 ans de boîte

Jean-Guy, la cinquantaine bourgeoise, vit avec sa femme et ses quatre enfants dans une demeure cossue, située dans la périphérie résidentielle de la ville.

Cruel, obséquieux et pédant, ce personnage à l'esprit tordu est l'archétype du salaud. Méprisant et condescendant pour le petit personnel, il se montre veule et hypocrite envers le patron (que l'on ne voit jamais). Sa victime favorite est Jeanne, avec qui il entretient des relations (seulement professionnelles) sado-masochistes.

Des prises de position politiques très suspectes et une sournoiserie sans nom achèvent de rendre cet homme antipathique aux yeux de chacun.

Principaux hobbies : le golf avec ses amis notables et des activités dans les milieux catholiques et le scoutisme.

Phrase favorite : « Ne me décevez pas ma petite/ mon petit... » à la suite de ses différentes recommandations. Et « Ah !!! Untel, je vous cherchais ! » lorsqu'il pénètre dans l'espace détente.

PHILIPPE GATIN (Alain Bouzigues)
Responsable informatique, 4 ans de boîte

Philippe, la trentaine, est un homme sensible et fragile, en perpétuel état d'émerveillement sur les possibilités illimitées offertes par l'avènement de l'ère informatique.

Virtualité, ubiquité sont des phénomènes en parfaite concordance avec son caractère lunaire, mais en contradiction avec les réalités très terre à terre d'une entreprise. Ce qui lui vaut quelques déboires. Sur le terrain de l'adolescence attardée, Philippe a quelques affinités avec Sylvain.

Philippe est gay et vit seul entre deux ruptures avec son petit ami Bichon, dans un appartement du centre-ville. Prosélyte acharné, il ne perd jamais l'espoir de convertir ses collègues mâles.

Philippe est apprécié par l'ensemble de ses camarades.

Ses excentricités sont seulement tolérées par Jean-Guy.

Son couplet de prédilection : « Bonjour, bonjour les hirondelles... ».

NANCY LANGEAIS (Shirley Bousquet)
Directrice administrative et financière, 2 ans de boîte

Nancy, 25 ans, est nouvelle dans la société, où elle occupe la fonction de directrice administrative et financière.

Nancy partage un grand appartement du centre ville. Issue d'une famille bourgeoise de la région, elle a bénéficié d'une éducation qui a fait d'elle une jeune femme vive, spontanée et sans tabou.

Son charme et son sex-appeal ont un effet permanent sur la gent masculine, elle sait en user lorsque c'est nécessaire.

Elle s'intéresse aux gens où qu'ils se situent dans la hiérarchie, sans que l'on sache toujours clairement si cet intérêt n'existe que pour servir ses propres ambitions. À l'exception de Carole pour qui elle est la femme à abattre, Nancy est appréciée par l'ensemble de ses collègues.
Son physique avantageux et sa douceur apparente y sont pour beaucoup et lui permettent d'avancer masquée.

Les expériences amoureuses de Nancy sont très sélectives et relativement limitées dans le temps. Nancy est en quête du prince charmant susceptible de lui offrir un royaume digne de ce nom.

Elle pratique le cheval, la danse et a une prédilection pour le théâtre.

Nancy est le fantasme de Jean-Claude.

SERGE TOUATI (Marc Andréoni)
Psychologue d'entreprise, 5 ans de boîte

Serge, la quarantaine, est psychologue sans que l'on sache vraiment comment, quand et où il a obtenu ses diplômes.

Divorcé, il vit seul dans une petite maison de ville. A un grand fils dont il est très fier.

Serge aime analyser chaque situation et positive à l'excès. Il se révèle extrêmement susceptible lorsque l'on met en doute ses compétences.

Il est féru de devises. Une carrière de chanteur de variétés très vite avortée en banlieue parisienne. Il a un problème relationnel avec Hervé qui n'aime pas sa faconde méditerranéenne et ses grandes phrases alambiquées.

Serge est amoureux de Jeanne qui est insensible à son charme, il se prend donc systématiquement des vestes.

Sa phrase favorite : « Mettez du soleil dans votre travail. »

JULIE HASSAN dite « JUJU » (Noémie Elbaz-Kapler)
Standardiste, nouvelle

Juju, 22 ans, est nouvelle dans la société où elle occupe la fonction de standardiste à mi-temps.

Elle vit en colocation avec des potes dans une maison de la périphérie. Issue d'une famille nombreuse, elle a beaucoup de relations dans tous les domaines grâce à sa famille et à ses amis.

Elle s'occupe du journal de la société. Très maligne, elle a toujours des « plans » pour tout le monde sur des portables, des soirées, etc.

Elle est « femme-enfant », et a tendance à être couvée par les gens de la boîte. Elle connaît beaucoup de choses sur tout le monde, elle est l'oreille de l'entreprise et il lui arrive d'en profiter.

Développe une sérieuse rivalité avec Fred et quelques affinités avec Vince. Confidente occasionnelle de Jean-Claude.

ANDRÉ MARKOVICZ (Philippe Cura)
Chauffeur et homme à tout faire du patron, 5 ans de boîte

André, la trentaine, est un homme entièrement dévoué au patron. Tout à la fois chauffeur, garde du corps et homme de main, il est en permanence en liaison directe avec le boss via son talkie. Colporteur des nouvelles fraîches et parfois des secrets qui viennent d'en haut, André sait jouer de ce pouvoir, et il ne s'en prive pas, utilisant à fond son talent de manipulateur.Quelque peu rustre et brutal, voire limite psychopathe, André est craint par tous.

André a quelques affinités avec Jean-Claude avec qui il partage un amour immodéré pour la mécanique, les femmes et les blagues lourdingues. Son talon d'Achille : une liaison avérée avec la femme du patron.

Seuls passe-temps connus, la pratique de la boxe et du tir avec ses amis flics, et les cours de perfectionnement de conduite pour chauffeurs de sécurité. Il a un pitbull nommé « Pitié », baptisé ainsi parce que c'est la première chose que criaient les gens en faisant sa connaissance.

VINCENT SCHNEIDER dit VINCE (Karim Adda)
Employé au service courrier, 1 an de boîte

Vince est un jeune homme au physique avenant. Il est la coqueluche des jeunes femmes de la boîte.

À l'instar de Fred, il n'affiche aucune ambition au sein de l'entreprise, se contentant d'utiliser son salaire pour assouvir ses passions : les sports de glisse sous toutes les formes.

Cool et agréable, il se soucie assez peu de son pouvoir de séduction, préférant de loin un bon spot à une fille.

Proche des valeurs contre-culturelles du milieu des vrais surfers, il porte un regard acerbe et désabusé sur la société.

Vince a une sympathie particulière mêlée de compassion pour Yvan, d'autant plus inexplicable que ce dernier, menacé dans son titre de séducteur, ne lui retourne qu'un mépris affiché.

FRÉDÉRIQUE CASTELLI dite FRED (Valérie Decobert)
Secrétaire administrative, 3 ans de boîte

Fred a 25 ans, elle vit seule dans un petit studio du centre-ville.

Des rencontres courtes et passagères avec des garçons ou des filles aussi « trash » qu'elle résument assez bien sa vie sentimentale.

Fred cultive sa rébellion et sa différence au travers de son langage, son apparence et son comportement.

Caractérielle, cynique et désabusée, elle n'a peur de rien ni de personne.

Elle montre, malgré son jeune âge, une aptitude toute particulière pour la psychologie ainsi qu'un réalisme qui effraie parfois son entourage.

Principaux hobbies : la musique (style Red Hot ou la techno), les raves, la défonce (grande variété des produits), la nourriture bio.

Le frère de Fred, Éric, est en prison pour trafic de drogue, et en a pris pour six mois de plus pour trafic de drogue dans la prison.

ANNIE LEPOUTRE (Chantal Neuwirth)
Stagiaire de 55 ans

Annie a un instinct maternel hors du commun. En 1950, elle a eu la médaille de la natalité. Après avoir consacré sa vie à ses enfants, qu'elle a nombreux, elle décide de mettre à profit son temps libre pour s'investir dans la vie professionnelle à l'âge où les autres partent en retraite.

Elle materne tout le personnel d'une façon excessive.

Elle n'a qu'un objectif : se décarcasser pour les autres. C'est une sainte. Par ailleurs, elle s'investit dans des œuvres caritatives, trop nombreuses à lister ici.

Les hommes plus jeunes ne la laissent pas insensible, et Jean-Claude encore moins.

CAROLE DUSSIER-BELLEMONT (Sylvie Loeillet)
Directrice du marketing

Pur produit des grandes écoles, l'ambition sans limites de Carole n'a d'égale que celle de Nancy, sa plus grande rivale dans la course à la direction de la boîte. Ne se mélangeant pas au petit personnel, son attitude arrogante et snob ne lui vaut pas la sympathie du reste de la boîte.

LA STANDARD X

Auteurs : HERVÉ et LAURENT NICOURT

Personnages

Hervé
Jean-Claude
Jean-Guy
Juju

Pitch

Jean-Claude et Hervé découvrent que Juju a posé dans un magazine de charme !

PROLOGUE

Juju est à la machine, l'air préoccupé, Jean-Claude sort des toilettes et va la voir.

JEAN-CLAUDE
Tout sourire – Ça va, Juju ?

JUJU
Bof, moyen, en fait pas du tout ! J'ai une galère, une vraie galère... Faudrait que je trouve quelqu'un pour me rendre un service, un vrai service de copain et...

JEAN-CLAUDE
Faux cul – Oh putain, désolé, Juju, faut que j'y aille, un coup de téléphone à passer...
Il s'enfuit pendant que Juju consulte sa montre.

JUJU
Jetant un œil sur sa montre – Dix secondes, rapide le Jean-Claude... Moins rapide qu'Hervé, remarque, mais... cool...

Hervé à la machine, arrive Jean-Claude, super-excité, un magazine à la main.

JEAN-CLAUDE
Hé Véver, t'as maté ça ?

HERVÉ
Quoi, *Sexe amateur*, tu lis cette merde pour ados boutonneux ? C'est nul ! Les photos sont floues, les filles rarement jolies et, des fois, elles sont même pas épilées...

JEAN-CLAUDE
Mais c'est normal, c'est pas des pros, que des coquines comme toi et moi qui se font un petit fantasme, c'est tout.
Soupçonneux – Mais dis-moi, tu m'as l'air bien au courant, toi, pour un mec qui crache dessus...

HERVÉ
J'ai dû tomber dessus par hasard une fois, tu sais, je... je suis délégué syndical, alors je dois me tenir au courant, collecter les infos...

JEAN-CLAUDE
C'est ça ! Ben, tiens, voilà une info de première.
Il tourne une page – Mate ça !

HERVÉ
Putain, mais c'est Juju, notre standardiste ! Comment elle est gaulée ! Mais pourquoi elle a gardé son haut de maillot de bain, elle ! Il est vraiment nul ce canard de cul.

JEAN-CLAUDE
Elle a pas l'air de s'emmerder ! Et écoute son interview.
Il ânonne – « Je cher... je cher... »

HERVÉ
Lui prenant le magazine des mains – « Je cherche deux hommes d'expérience pour me faire rugir de plaisir ! » C'est tout nous, ça !

JEAN-CLAUDE
On va pas laisser passer ça, Véver ! Mais attention, fais pas le radin, hein ?

HERVÉ
Mais oui, mais oui... Tu passes devant et puis moi derrière, j'arrive. Tu me connais...

JEAN-CLAUDE
Ouais, en loucedé !

Hervé à la machine, rejoint par Jean-Claude qui faisait le guet.

JEAN-CLAUDE
Elle arrive, Véver, elle arrive.

Les deux, tout excités, la regardent passer et viennent se mettre de chaque côté. Puis Jean-Claude lui met le magazine sous les yeux.

JEAN-CLAUDE
Cherche plus, tu les as trouvés !

JUJU
C'est pas vrai ! Vous êtes tombés là-dessus ! Bon, on met les choses au point tout de suite ! J'ai posé uniquement pour le fric parce que je suis en galère à la banque. Y a rien de vrai là-dedans, désolée de péter vos fantasmes.

JEAN-CLAUDE
Même pour rugir un petit peu ? ***Devant le regard noir de Juju*** – OK, bon, euh...

HERVÉ
T'as tant de galères de pognon que ça ?

JUJU
Un an au smic, pas une augmentation, je suis pourrie de dettes ! Résultat, je me retrouve à poser à poil !

JEAN-CLAUDE
T'es pas tout à fait à poil, en même temps ! Par rapport aux autres filles…

JUJU
Ouais, mais c'est moins bien payé ! Et vu la somme qu'on m'offre pour enlever le haut je sais pas si je vais pouvoir refuser longtemps, avec les dettes que j'ai.
Triste – Sauf si quelqu'un me prête de l'argent !
Pleine d'espoir – Vous, les gars ?

HERVÉ
En ce moment, c'est dur, mais je peux peut-être faire quelque chose pour toi en tant que délégué syndical… pour ton salaire.

JUJU
Effrayée – Attends, tu dis rien à Jean-Guy ni à personne, surtout ?

HERVÉ
T'inquiète, fais-moi confiance.

JEAN-CLAUDE
Tendant le magazine à Juju – Tiens, dis-moi, tu la connais, elle ?

HERVÉ
Jean-Claude…

JEAN-CLAUDE
J'étais en classe avec elle !

HERVÉ
Elle a rouillé, alors, parce que…

Jean-Guy et Hervé.

JEAN-GUY
Mais je ne peux pas, comme ça, prendre une décision sans savoir le fin mot de l'histoire, voyons !

HERVÉ
Jean-Guy, je ne peux pas vous en dire plus, il y a des fois où il faut savoir faire confiance !

JEAN-GUY
Faire confiance, vous en avez de bonnes ! On parle d'argent là !

HERVÉ
Main sur le cœur – Jean-Guy, je sais que nous avons eu des différends, je sais que nous sommes adversaires. Mais je vous demande d'oublier nos fonctions et de discuter d'homme à homme !

JEAN-GUY
Ouais, enfin…

HERVÉ
C'est une affaire grave où l'honneur est en jeu ! Je ne vous demande pas « pour l'amour de Dieu », vous connaissez mes convictions religieuses, mais le cœur y est !

JEAN-GUY
Eh bien soit ! Je ne comprends pas pourquoi, mais j'accepte de retenir encore six mois l'augmentation de salaire de notre « Juju » que je venais enfin d'accorder !

HERVÉ
Merci, Jean-Guy, vous allez faire beaucoup d'heureux !

ÉPILOGUE

Les deux, quelques jours plus tard. Hervé à la machine, arrive Jean-Claude avec un magazine.

JEAN-CLAUDE
Surprise !

HERVÉ
C'est celui avec Juju ? Il est sorti ? Fais voir.
Il le feuillette.

JEAN-CLAUDE
Calme-toi !

HERVÉ
Oh, hé, fous-moi la paix !

JEAN-CLAUDE
En allant aux toilettes – Oh, l'étalon, ah, ah…

HERVÉ
Lisant l'accroche du magazine – « Juju, standard X, p. 24 » Oh, la vache !

C'est un bon titre, ça, standard X !
Tournant les pages fébrilement – 23, 25, 20.
Réalisant qu'il manque la page de Juju – Jean-Claude, espèce de... non, mais ouvre cette porte, on avait dit à deux !

JEAN-CLAUDE
Off – Oui, mais c'était la semaine dernière, j'ai oublié depuis !

HERVÉ
Tentant de forcer la porte – Salaud !

FRIDAY AFTERNOON FEVER

Auteur : Lionel MOREAU

Personnages
André
Hervé
Jean-Claude
Jeanne
Philippe

Pitch
Jean-Claude et Jeanne représentent la boîte au concours de danse interentreprises.
Un malheureux incident oblige Hervé à improviser.

PROLOGUE

JEAN-CLAUDE
Qui répétait un pas de danse – Eh, tu sais que t'as drôlement bien fait de me choisir pour représenter la boîte au concours de rock interentreprises. Hé, vise un peu le *moon boots* !
Il tente de faire le célèbre pas de Michael Jackson, sauf que la version Convenant ne convainc pas.

HERVÉ
Le *moon walk*, Jean-Claude, le *moon walk*.

JEAN-CLAUDE
Bon, ben là, ça marche pas terrible, mais sur du parquet, attention, je m'écœure tellement je suis bon.

HERVÉ
Fais-moi penser à t'acheter une paire d'espadrilles, parce que les semelles de corde, y a rien de mieux pour glisser sur le parquet.

JEAN-CLAUDE
Ouais, mais est-ce que tu pourrais me prendre un modèle verni ? C'est pour aller avec mon falzar.

HERVÉ
Je vais faire mon possible, je vais faire mon possible.

JEAN-CLAUDE
Parce que la représentation, ça compte !

Hervé est avec André devant la machine, habillés en costume et nœud papillon. Derrière, Jean-Claude en habits de danseur répète ses mouvements tant bien que mal (plutôt mal) avec une Jeanne en tutu. Le tout donne une ambiance assez Grease.

HERVÉ
Toujours aussi petit devant le grand méchant André – Travaille un peu ta souplesse, Jean-Claude. C'est vrai, il est un peu raide.

ANDRÉ
Alors, coach, comment tu le sens, le concours ?

HERVÉ
Oh, bah, on joue la gagne, on a une très bonne chorégraphie, Jeanne est excellente, quant à Jean-Claude, il travaille chaque jour un peu plus.

JEANNE
C'est sûr que ces derniers temps il m'écrase un peu moins les pieds.

HERVÉ
Oui oui, c'est vrai.

JEAN-CLAUDE
C'est-à-dire que le 45, c'est pas facile à manier, tu comprends ?

HERVÉ
Va bosser au lieu de faire le guignol, toi, hein...

ANDRÉ
Le chauffeur de chez Digix me chambre depuis une semaine parce qu'il a touché sa nouvelle limousine.

HERVÉ
Je sais, tu m'as dit. Ouais, salaud.

ANDRÉ
Alors pour lui fermer son claque-merde, je lui ai dit qu'on allait l'humilier au concours.

HERVÉ
Ah, mais fais-moi confiance, avec Jeanne, ça devrait passer de toute façon. Jean-Claude doit travailler un peu son jeu de jambes mais...

JEAN-CLAUDE
Attention, faut voir un truc, le *Grease* on va le dépoussiérer, attention, rien à voir avec l'ancien. Hein, mon Olivia ?

JEANNE
S'agrippant au bras de Jean-Claude – Oh oui, mon John !

ANDRÉ
Faudrait pas me décevoir, hein. Non, ça me rendrait agressif, puis quand une équipe déçoit, ben, c'est toujours l'entraîneur qui trinque.

HERVÉ
Petit, tout petit – C'est vrai souvent, c'est vrai, on a remarqué ça. Bon, ben, on va faire une dernière répète parce qu'il y a deux trois trucs à mettre en place.

JEAN-CLAUDE
Encore ?

HERVÉ
Oui oui oui. Regarde, regarde, André, mettez-vous en place.

JEAN-CLAUDE
OK.

HERVÉ
Regarde, André, tu vas voir, c'est bien.

Jean-Claude et Jeanne ont fini leur danse et gardent la pose de la fin. Le public, composé du coach (Hervé) et du juge (André), se tient derrière.

HERVÉ
Bien ! Très bien ! Hein ? Franchement. Hé, fais juste gaffe à ton doigt à la fin, ça se voit un peu, Jean-Claude.

On se rend compte que la position finale du doigt de Jean-Claude est un doigt d'honneur.

JEAN-CLAUDE
OK, coach.

HERVÉ
À André – OK. Qu'est-ce que t'en as pensé, vieux ?

ANDRÉ
Ça va pas, on recommence.

HERVÉ
Ah bon ? Bon, allez, on recommence. C'est tout. Je rembobine. Jeanne, hein, comme d'habitude. Jean-Claude, tu donnes tout ?

JEAN-CLAUDE
OK. Allez.

HERVÉ
Attention, attention, mettez-vous en position. C'est celle-là. Attention, c'est parti ! (***Il met en route la musique [Grease], et Jean-Claude lance un pas qui envoie Jeanne dans le décor. Elle crie de douleur, Jean-Claude va vers elle.***) Mais c'est pas possible, mais comment t'as fait, Jean-Claude ?

JEAN-CLAUDE
Mais quoi, mais tu m'as dit de tout donner !

HERVÉ
Mais oui, mais enfin, donner, mais pas mutiler ! On va jamais retrouver une danseuse et lui apprendre tous les pas dans dix minutes, là ! Ah non, mais là, faut déclarer forfait, c'est sûr, hein ! Y a pas d'autre solution.

Il fait un signe de remerciement à Jean-Claude.

ANDRÉ
J'en vois une, moi, de solution.

HERVÉ
Ah bon ? Quoi ?

JEAN-CLAUDE
Tout seul devant la machine, se recoiffant – Bon, les mecs, qu'est-ce que vous foutez, on va être à la bourre, hein !

HERVÉ
Off des toilettes – C'est pas une bonne idée, je te jure !

ANDRÉ
Tenant la porte des toilettes – Pour sauver ta peau, c'est la seule, allez, tu sors.

HERVÉ
Sortant des toilettes, habillé en Jeanne, c'est-à-dire qu'il porte le costume qu'elle avait, donc le tutu – On va se faire choper quoi ! *Jean-Claude se marre* – Oh toi, ta gueule, c'est de ta faute tout ça.

JEAN-CLAUDE
Hé, je te préviens, c'est moi qui conduis, pas de gonzesse au volant ! Heureusement que je suis pas bourré !

HERVÉ
Ouais, manquerait plus que ça.

JEAN-CLAUDE
Dis-moi, heureusement qu'elle chausse large, Jeannette, sinon ça rentrait pas, hein.

HERVÉ
Pas tant que ça, figure-toi.

Entrée de Philippe, par l'ascenseur, qui regarde Jean-Claude.

PHILIPPE
Bon, bah, qu'est-ce que vous foutez, la salle est chauffée à blanc et la direction s'inquiète de pas voir nos représentants.

JEAN-CLAUDE
C'est l'Olivia qui fait sa difficile.

Philippe se tourne finalement vers Hervé en tutu et qui porte une perruque blonde et il explose de rire.

HERVÉ
À André – Dis donc, je pensais à un truc, il a raison le grand con, là, Jeanne il faut bien l'accompagner à l'hôpital, c'est mon rôle de coach, ça.
Philippe essaye de regarder sous la jupe d'Hervé – Dis donc !

ANDRÉ
Si tu l'accompagnes, ce sera sur un brancard.

JEAN-CLAUDE
Ah...

HERVÉ
Bon, t'as sûrement du maquillage, toi ?

PHILIPPE
Tendant une trousse à motif de vache – J'ai ma trousse !

ANDRÉ
Alors, t'as six étages pour lui faire une beauté, à ma chérie, hein ?

PHILIPPE
Oui, j'ai même mon appareil photo numérique, on va faire des photos souvenirs !

HERVÉ
Mais les gars, mais je serai plus jamais crédible pour vous défendre devant le patronat, c'est vrai !

ANDRÉ
T'as jamais été crédible, allez, ça suffit !

PHILIPPE
J'ai dit on y va.

Hervé se fait embarquer par André et Philippe, direction l'ascenseur.

HERVÉ
Jean-Claude, dis quelque chose !

JEAN-CLAUDE
J'espère que t'as mis un slip, va pas me déconcentrer sur les lancers !

HERVÉ
Putain, je vais me le faire, je vais me le faire, je te jure !
Philippe, la banane jusqu'aux oreilles, empêche Hervé de faire une quelconque idiotie contre son partenaire de danse.

ÉPILOGUE

Philippe montre les photos numériques à Hervé de la période où il était femme et dansait si bien.

PHILIPPE
Regarde, là, c'est quand t'as perdu ta perruque. Si personne t'avait reconnu, après ça, c'était chose faite.

HERVÉ
Dépité – Je vais démissionner, hein ?

PHILIPPE
Oh, là, regarde, c'est quand t'as perdu ton slip sur un lancer un peu sec de Jean-Claude, on s'en est mis plein les yeux…

HERVÉ
Le Maroc, c'est encore trop près.

PHILIPPE
Là, c'est le podium, quand le président te remet la médaille. T'aurais pu sourire quand même, troisième, c'était pas si mal, d'autant qu'André a été clément.

HERVÉ
Ou alors, l'Alaska, il paraît que c'est tranquille, l'Alaska.

PHILIPPE
Hervé, un mot de toi, et je te fais une place sur mon char pour la *Gay Pride*.

HERVÉ
Ta gueule ! Tu vois pas que je réfléchis à mon exil, non ?

PHILIPPE
En s'en allant – Ingrate.

HERVÉ
Ou alors le Brésil. C'est vrai tout le monde m'a dit que j'avais de belles jambes.
Il se tâte le sein puis se rend compte de ce qu'il fait – Oh, putain !

NYMPHOMANIAC

Auteurs : Hervé et Laurent NICOURT

Personnages

Jeanne
Maéva
Serge
Sylvain

Pitch

Profitant du fait que Jeanne est pompette, Serge est près d'arriver à ses fins ! C'est sans compter sur les raseurs...

PROLOGUE

Ambiance pot d'entreprise, des verres vides, des assiettes de gâteaux, des figurants avec des verres à la main. Sylvain sert un verre à Jeanne qui est avec Maéva à la machine.

JEANNE
À Sylvain – Pas trop, merci ! *À Maéva* – Faut que je fasse attention, parce que dès que je suis un peu pompette ça me rend toute chose et, après, je fais des conneries que je regrette. Et ça, les hommes, ils savent en profiter !

MAÉVA
Ben tiens !

JEANNE
Tu te rappelles au pot de Noël de la compta, M. Clavet, il m'a ramenée chez moi. Eh bien, on était pas depuis dix minutes dans sa voiture qu'il me faisait déjà des propositions !

MAÉVA
Le goujat ! Et alors ?

JEANNE
Oh, je me suis pas laissé faire ! Il a attendu qu'on soit arrivé à la maison, non mais !

C'est l'après-pot, on n'en voit que les restes. Serge et Jeanne sont à la machine. Jeanne glousse, visiblement bien pompette. Serge est très excité avec une vraie tête d'hypocrite.

JEANNE
Arrête, Serge, t'es pas raisonnable...

SERGE
Allez, soyons fous !

JEANNE
Tu n'essayes pas de profiter de moi parce que je suis un peu pompette, hein ?

SERGE
Meuh non, voyons, enfin, c'est pas mon style !

Maéva arrive et se colle à côté d'eux.

MAÉVA
Serge, il faut que je te parle ! Maintenant !

SERGE
OK, Maéva, tout à l'heure ! Je suis déjà en train de... de traiter une urgence !

MAÉVA
Serge, tu es le psychologue de l'entreprise, tu dois m'écouter. Dis-lui, Jeanne !

JEANNE
C'est vrai, Serge ! Alors, tu écoutes mon amie Maéva. ***Prometteuse*** – Et moi je t'écouterai après, hein ? Je t'attends là. Je dis pas un mot.
Jeanne se met à la table à côté, en lui jetant un regard langoureux de femme saoule.

SERGE
Tout guilleret – D'accord ! Alors, Maéva, c'est quoi ce petit souci qui ne peut pas attendre ?

MAÉVA
Serge, je ne suis plus vierge ! J'ai trompé Sylvain !

Les mêmes. Serge écoute Maéva avec une fausse application exagérée, tout en jetant des coups d'œil à Jeanne qui lui sourit en continuant de picoler.

SERGE
C'est nouveau, ça ! Et avec qui ?

MAÉVA
Avec Patrick Bruel ! J'ai rêvé qu'il me demandait de faire l'amour et je n'ai pas su dire non. J'ai fauté, Serge.

SERGE
Mais enfin, Maéva, c'est n'importe quoi ! Mais c'est qu'un rêve ! Ça n'a rien à voir avec la réalité !
Clin d'œil à Jeanne qui lui répond en gloussant.

MAÉVA
Mais si ! C'était dans mon sommeil, mais j'ai quand même ressenti les vraies sensations de l'amour, le désir, les caresses, l'orgasme. Pour de vrai ! Aujourd'hui je sais ce que c'est ! Donc je ne suis plus vierge !

SERGE
Il est idiot, ton raisonnement, Maéva ! Que tu aies connu ce que tu crois être les vraies sensations ne change rien à ta virginité ! Voilà, c'est réglé !

MAÉVA
J'ai pas fini !

(*Le ton de Maéva provoque un froncement de sourcils de Jeanne qui renvoie Serge à l'écoute.*) Cette fois, c'est différent. Je n'avais jamais connu ce plaisir et, pourtant, j'ai souvent rêvé que j'étais au lit avec des gens du bureau !

SERGE
Tu veux dire avec… Jean-Claude. (*Elle acquiesce en baissant la tête.*) Hervé… (*Idem.*) Moi ? (*Idem.*) Eh ben ma salo… (*Jeanne part aux toilettes.*) Rassure-toi, c'est normal, on a tous ce genre de rêves bizarres, bienvenue dans la normalité, voilà, allez, à bientôt !
Il se prépare à suivre Jeanne.

MAÉVA
Jeanne !

Jeanne ressort la tête des toilettes et renvoie Serge à la table.

Les mêmes.

SERGE
Bon, écoute, je t'explique une dernière fois. Les pulsions…

Jeanne sort des toilettes et se dirige vers l'ascenseur, croisant Sylvain qui arrive à ce moment, lui aussi pompette.

SERGE
Où tu vas, Jeanne ?
Il s'apprête à la suivre mais Maéva le prend par le pull.

MAÉVA
J'ai pas fini, euh !

SERGE
Pétant les plombs – Mais ça suffit, maintenant ! *Il la fait lâcher* – Lâche-moi, espèce de nympho hystérique !

Sylvain, qui a entendu, l'intercepte, rendu courageux par l'alcool.

SYLVAIN
Qu'est-ce que tu as dit sur ma fiancée ? Attention, je ne te laisserai pas salir sa pureté.

Le temps que Serge se débatte avec les deux, Jeanne est montée dans l'ascenseur au moment où un homme y monte aussi, qu'elle salue en gloussant.

SERGE
Furieux – Sa pureté ? *Voyant soudainement l'ascenseur se refermer* – Mais

quelle pureté ! C'est une salope qui veut coucher avec tout le monde ici : Jean-Claude, Hervé, moi, tout le monde... sauf toi !

SYLVAIN
Mais... mais non !

SERGE
Mais si ! Et elle s'est même tapé Patrick Bruel ! Tu me crois pas ?
Il relève la tête de Maéva qui avait baissé les yeux – Regarde sa tête de coupable, c'est pas une tête de salope, ça ? Alors me gonfle pas avec sa pureté !
Il file vers l'ascenseur – Bon, elle est passée où, l'autre ? Les escaliers, les escaliers !

Pendant que Serge prend la direction des escaliers, il y a un silence gêné.

SYLVAIN
Accablé – Patrick Bruel ! Et tu m'as pas ramené un autographe ?

ÉPILOGUE

Serge est à la machine quand arrive Jeanne. Ils ne sont pas habillés de la même manière.

JEANNE
T'es gonflé, Serge, quand même, de m'avoir saoulée pour arriver à tes fins, hier !

SERGE
Surpris – Mais j'ai rien fait, moi !

JEANNE
Encore plus surprise – Ah bon, c'est pas avec toi que j'ai...
Elle reprend ses distances – Excuse-moi, alors. ***Elle s'en va en se parlant à elle-même*** – Mais c'était qui, alors ?

HERVÉ CONTRE GOLIATH

Auteur : Lionel MOREAU

Personnages

Hervé

Jean-Claude

Pitch

Hervé conte à Jean-Claude une jolie histoire qui vient de lui arriver...

PROLOGUE

Hervé sort de l'ascenseur, visiblement très fatigué.

HERVÉ
Salut Jean-Claude, tu me fais un café ?

JEAN-CLAUDE
Ouh là là… Panne de réveil ? Fais voir ta tête. (***Au fur et à mesure qu'Hervé avance, on distingue mieux sa tête, pleine de rides.***) T'es rentré avec une vilaine toi, hier soir, c'est ça, hein ?

HERVÉ
Non non non, rien à voir, je me suis fait voler ma caisse.

JEAN-CLAUDE
C'est pas vrai ! Ta R11 ? Mais, attends, y a des mecs assez dingues pour piquer une caisse aussi pourrie ? Eh, c'est plus de la malhonnêteté, c'est du vice ! Une R11 !

HERVÉ
Elle avait une grande valeur sentimentale pour moi, figure-toi, cette voiture !

JEAN-CLAUDE
Ouais, mais ça, c'est pas coté à l'argus, hein ? Hé, y avait un témoin ?

HERVÉ
Hum hum…

JEAN-CLAUDE
Qui ?

HERVÉ
Emmerdé – Moi…

JEAN-CLAUDE
Sur le cul – Toi ?

HERVÉ
Bon, ben, je te raconte !

JEAN-CLAUDE
Ouais ouais ouais…

HERVÉ
J'étais sur mon balcon, j'étais l'œil dans mon télescope, tu connais ma passion pour l'astronomie...

JEAN-CLAUDE
Ouais, bref, tu matais les gonzesses dans l'immeuble d'en face.

HERVÉ
Oui, enfin, surtout je vois ce petit mec en train de rôder autour de ma bagnole, tu vois !

JEAN-CLAUDE
Ouais, alors tu fais ni une ni deux, t'appelles les flics !

HERVÉ
Mais non, pas du tout, le temps que j'appelle la cavalerie, ma bagnole elle est en pièces détachées au fin fond de l'Ouzbékistan, là, ou je sais pas où.

JEAN-CLAUDE
Alors, t'as voulu régler ça à l'ancienne, c'est ça ? Je te reconnais bien là, mon Hervé !

HERVÉ
Bon, je descends...

JEAN-CLAUDE
Ouais...

HERVÉ
Hein, la haine dans l'œil, le poing serré, prêt à lui faire chier ses dents, tu vois... Et là j'arrive, et bon, ben... Illusion d'optique, hein !

JEAN-CLAUDE
C'était pas ta bagnole ?

HERVÉ
Si si si mais... C'était pas un petit mec.

Les mêmes.

HERVÉ
Un type gigantesque, hein ! Au moins deux mètres, cent cinquante kilos, un cou de taureau, des pectoraux travaillés à la fonte, des bras comme mes cuisses, enfin t'obtiens mon voleur quoi ! Tu vois... D'où, alors, méfiance, réflexion, et pis... méfiance, surtout, quoi !

JEAN-CLAUDE
Ouais, enfin, bref, tu t'es déballonné. Mais je te comprends, Hervé, t'as plus le jeu de jambes, t'as plus le jeu de jambes !

HERVÉ
Non, mais je suis pas lâche ! Mais, enfin, bon, tu… tu me connais, je suis un pacifiste, et puis j'ai envie de voir grandir mes gosses moi !

JEAN-CLAUDE
Mais ouais ! Mais t'as pas de gosses !

HERVÉ
Bah oui, mais c'est pas entre quatre planches de sapin que je vais en faire des gosses ! Jean-Claude !

JEAN-CLAUDE
Oui, bah, alors, me dis pas qu'il t'a piqué ta caisse sous tes yeux et que t'as rien dit !

HERVÉ
Mais non, on a discuté, voilà…

JEAN-CLAUDE
Discuté ?

HERVÉ
Oui, il m'a demandé une clope.

JEAN-CLAUDE
Il t'a demandé une clope ?

HERVÉ
Oui.

JEAN-CLAUDE
Attends, le mec, il te pique ta bagnole, il te demande une clope, tu lui as donnée ?

HERVÉ
Bah oui, j'ai même donné le paquet. Écoute, ça tombe bien je voulais arrêter de fumer.

JEAN-CLAUDE
N'y croyant pas – Oh…

HERVÉ
Enfin voilà, quoi…

JEAN-CLAUDE
C'est tout ?

HERVÉ
Non. Il a voulu que je chante aussi. Non, mais c'était un malade, hein ! Alors, qu'est-ce que j'ai fait ? Ben, j'ai chanté.

JEAN-CLAUDE
T'as chanté ?

HERVÉ
J'ai chanté « Début de soirée », je sais pas pourquoi. Tu te souviens des paroles ? ***Il se met à chanter avec Jean-Claude*** – « Et tu chantes, chantes, chantes, c'est ta façon d'aimer... » (***Un mec passe derrière et ça les calme.***)
Et après ça fait : « et tu tapes tapes tapes », j'sais pas quoi, là...
Et là, il m'en a foutu plein la gueule, hein. Il est devenu comme un dingue !

JEAN-CLAUDE
Mauvaise pioche, mauvaise pioche...

HERVÉ
Ah ouais, vraiment... Alors, vite vite, je me rabats sur une chanson d'amour, je cherche, je cherche, et boum : Polnareff.
En chantant – « Love me, please, love me, je suis fou oououou de vous... »
En reparlant normalement – Et là, il était bouleversé, il me regardait avec des yeux de Chimène et... et il m'a fait des avances...

JEAN-CLAUDE
Il a voulu t'en... ?

HERVÉ
Ouais ouais...

JEAN-CLAUDE
C'est pas vrai !

HERVÉ
Non, mais je lui ai dit attends, oh, oh, tranquille ! J'ai dit vas-y, prends ce que tu veux ! Il a dit, bah, tes pompes : les nubuk...

JEAN-CLAUDE
Avec les grelots ?

HERVÉ
Ouais ouais. Bah, je les ai pas ce matin, tu vois... ***En faisant le mouvement dont il parle*** – Enfin, bon, moi, tu vois, calme, je me baisse, je défais mes lacets, et je vois un caillou. Je vois un caillou, là, juste là, je le prends, et là...
Tin tin tin tin tin ! Thierry la Fronde ! Paf, entre les deux yeux !

JEAN-CLAUDE
C'est pas vrai !

HERVÉ
Si. Dans les miens, dis donc ! Assommé net, là, je suis tombé comme une merde.

JEAN-CLAUDE
Oh, merde, merde...

HERVÉ
Et je me suis réveillé deux heures plus tard, plus de voiture, plus de chaussures, plus d'amour-propre, en chaussettes dans la rue...

JEAN-CLAUDE
Oh c'est humiliant, c'est humiliant...

HERVÉ
En sortant des pièces de sa poche – Par contre, y avait plein de pièces, parce que les voisins ont trouvé que je chantais bien, m'a dit la concierge ce matin. Tu veux un café ?

ÉPILOGUE

Hervé, zombie, toujours devant la machine. Déboule Jean-Claude, paniqué.

JEAN-CLAUDE
Hervé ! Y a un fumier qui s'est garé sur ta place de parking !

HERVÉ
Dis donc ! Le fumier, c'est moi ! C'est ma nouvelle caisse, oui oui oui. Mais attention, celle-ci elle est inviolable, elle est bourrée d'électronique. Mais, par prudence, j'ai quand même dormi dedans avec le nerf de bœuf dans la main gauche, si y en a un qui s'approche, c'est ça dans sa gueule !

JEAN-CLAUDE
Regarde-moi, toi. Tu serais pas un peu nerveux ?

HERVÉ
Ah, ah, ah ! Non, mais... tu sais pas ce qui m'est arrivé ! Tu vas rire, parce que comme j'ai dormi en voiture, et ben on m'a cambriolé mon appart'.
Rire nerveux d'Hervé – Ah, c'est... Y a des journées, comme ça...

NO

LA DROGUE C'EST DE LA M.

Auteurs : Hervé et Laurent NICOURT

Personnages
Fred
Hervé
Maéva

Pitch
Maéva est prête à tout pour arriver à ses fins avec Sylvain.

PROLOGUE

Hervé et Fred. Fred lit un magazine à une table, Hervé s'ennuie devant la machine. Il y a un silence pendant quelques secondes.

FRED
Rompant le silence sans lever le nez de son magazine – Et toi, Hervé, c'est quoi, ton truc, pour garder l'air jeune et en forme malgré les années qui passent ?

Hervé, flatté, se redresse.

HERVÉ
Tiens, c'est marrant que tu me demandes ça, Fred, parce que...
Soudain soupçonneux – Tu te fous de ma gueule, là ?

FRED
Sans changer de ton ni même lever le nez de son magazine – Devine !

HERVÉ
Salope !

FRED
Bonne réponse.

Fred à la machine. Arrive Maéva.

MAÉVA
Fred, j'ai besoin de toi. Faut que tu m'aides à connaître l'extase !

FRED
Désolée, Maéva, t'es pas du tout mon genre et...

MAÉVA
Mais non, c'est pas ça ! Ce soir, Sylvain dîne chez moi, j'ai décidé de passer à l'acte, mais j'ai trop peur d'essuyer un échec !

FRED
Depuis le temps qu'il se retient, le Sylvain, crois-moi, c'est pas un échec que tu vas essuyer.

MAÉVA
Non, justement, il se décide pas. Serge me dit que, à force d'attendre, il est inhibé par la peur de l'échec. Et que ça l'empêche de concrétiser !

FRED
Compliqué, ton truc ! ***Moqueuse*** – Et donc, tu veux que je le tienne pendant que tu le violes ?

MAÉVA
Non, je voudrais que tu me donnes les pilules que tu prends, qui lèvent tes inhibitions et qui font que tu couches avec n'importe qui !

FRED
Merci ! Mais enfin, tu vas pas droguer Sylvain ! Y a sûrement d'autres moyens de le décider à te coller le groin sur la plinthe

MAÉVA
J'ai tout essayé ! J'y comprends plus rien. Il est quand même pas aveugle, pourtant !

FRED
C'est peut-être ça, le problème !

Les mêmes.

FRED
Ne compte pas sur moi, Maéva ! La drogue, c'est de la merde ! Et, en plus, j'ai complètement arrêté.

MAÉVA
Tu préfères que je dise à Hervé que tu t'envoies en l'air avec Honoré, le grand black de l'entretien ?

FRED
Mais t'es pire qu'une junkie, toi !

MAÉVA
Je suis capable de tout par amour ! Alors ?

FRED
OK, tu l'auras voulu. ***Elle lui file un truc*** – Tiens, tu lui feras fondre dans son verre ! Mais motus, hein ?

MAÉVA
Bien sûr, tu me prends pour qui ?

FRED
Pour une salope... mais, et toi ? Faut que tu prennes quelque chose, sinon vous allez pas être dans le même trip !

MAÉVA
Ah bon… Ben, donne-m'en un autre alors.

FRED
Pas de ceux-là, non ! Sylvain avec son petit gabarit, ça va l'envoyer sur la lune mais, toi, tu vas pas décoller du parking ! Il te faut du plus robuste !

Les mêmes. Maéva a deux pilules. Hervé qui passe dans le fond les observe discrètement.

FRED
Alors, pareil, dans un verre d'eau et hop… et, surtout, motus !

MAÉVA
Merci ! À moi les étreintes folles !

Maéva s'en va. Hervé se rue sur Fred.

HERVÉ
Hé, dis-moi que je rêve ! J'ai vu ton petit manège ! Ça te suffit pas de te défoncer, faut que tu deales maintenant ?

FRED
Oh ça va, hein ! C'est elle qu'a insisté pour que je lui file des trucs ! Elle veut secouer le Sylvain pour qu'il lui joue super-lover ce soir chez elle !

HERVÉ
Et t'as accepté ?

FRED
Ben ouais… bien obligée… mais… je lui ai filé un somnifère !

HERVÉ
Non ? Génial ! La nuit d'enfer ! Remarque, elle est capable d'en profiter pour le violer !

FRED
Ça m'étonnerait, je pense qu'elle sera un peu occupée à autre chose. À elle, je lui ai filé un laxatif.

HERVÉ
Admiratif – Houuu, la salooope !

FRED
Je l'avais prévenue, la drogue, c'est de la merde !

ÉPILOGUE

Le lendemain. Maéva est à la machine. Arrive Fred.

FRED
Alors Maéva, cette folle nuit d'amour ?

MAÉVA
Une catastrophe ! Mais c'est de ma faute. Je me suis trompée et j'ai mis tous les produits dans un même verre.

FRED
Aïe !

MAÉVA
Et c'est Sylvain qui l'a bu !

FRED
Et… alors ?

MAÉVA
Ben, ça lui a pas réussi ! Il s'est écroulé sur mon canapé-lit et il a dormi comme un bébé.

FRED
Comme un bébé ?

MAÉVA
Exactement, comme un bébé, un bébé qu'aurait pas mis de couche… je sais pas si je vais pouvoir récupérer mon canapé. La drogue, c'est vraiment de la merde !

JUSTICE À LA CARTE

Auteur : Lionel MOREAU

Personnages

André
Hervé
Jean-Claude
Philippe

Pitch

Hervé a légèrement éraflé une voiture en venant au boulot. Par civisme, il a bien entendu laissé sa carte sur les lieux du crime…

PROLOGUE

HERVÉ
Un journal à la main – Non, mais là, forcé de le reconnaître, hein, la campagne de prévention routière, elle est efficace. Quand tu penses que deux tiers des tués le sont à moins de quinze kilomètres de chez eux, ça fait réfléchir, c'est sûr.

JEAN-CLAUDE
Oh bah, ça donne pas envie de rentrer chez soi, quoi...

HERVÉ
Oui. Enfin, ça, c'est pas le but.

JEAN-CLAUDE
Oh, Hervé, je viens de réaliser pourquoi je découche si souvent.

HERVÉ
À cause du rut, ouais...

JEAN-CLAUDE
Mais non. L'instinct de survie ! Oh je vais mieux, là, j'avais un poids, je...

HERVÉ
Mais oui, tu veux voir tes gosses grandir !

JEAN-CLAUDE
Mais oui ! Mais oui !

HERVÉ
Mais oui, c'est pour ça, mais t'es un bon mari, t'es un bon mari.

JEAN-CLAUDE
Mais oui...

Hervé, se tenant le bide et Philippe devant la machine.

PHILIPPE
Eh ben, dis donc, La Pintade qui fume, toujours aussi gras, on dirait...

HERVÉ
Pff, m'en parle pas, en plus j'ai un peu arrosé. Quand je suis sorti, j'ai éraflé l'aile d'une caisse qui était garée en double file.

PHILIPPE
Tu t'es arrêté quand même ?

HERVÉ
Évidemment. Attends, tu me connais : j'ai mis une carte de visite sur le pare-brise, quoi.

PHILIPPE
C'est bien, bravo, tout le monde n'a pas ton civisme. Et Jean-Claude, t'en as fait quoi ?

HERVÉ
Ben, il terminait les digestifs, tu le connais...

PHILIPPE
Oh, ça promet pour aujourd'hui.

HERVÉ
Tiens, le voilà.

JEAN-CLAUDE
Arrivant de l'ascenseur, rigolant – Oh, les gars ! J'ai fait un peu de stock-car avec une caisse qui était en stationnement.

HERVÉ
Oh, ben, décidément...

PHILIPPE
T'as laissé ta carte ?

JEAN-CLAUDE
Mais attends, et puis quoi encore ? Hé, la Xantia, elle avait rien, je me suis même pas arrêté... par contre, l'autre, elle est pas près de resservir, hein !

PHILIPPE
Qu'est-ce que je te disais !

HERVÉ
Ah, bah oui, je sais...

JEAN-CLAUDE
Bah quoi ? Pas vu pas pris ! Il avait qu'à mieux se garer aussi : il était en double file à La Pintade qui fume !

PHILIPPE
La Pintade ? La Pintade qui fume ?

Les mêmes.

PHILIPPE
Et voilà, avec ta carte, eh ben, c'est toi qui vas payer, Hervé !

HERVÉ
Bah oui, je sais.

JEAN-CLAUDE
Puis c'est pas pour en rajouter mais il me semble bien que c'est la voiture de M. Bellepoigne, des déménagements Bellepoigne and co, du genre qu'aime pas trop les constats à l'amiable.

PHILIPPE
Rajoutes-en ! T'es content ?

JEAN-CLAUDE
Mais non...

HERVÉ
Rôô, que du dégât matériel !

PHILIPPE
Ben, t'es trop gentil, Hervé, voilà, ça te perdra !

HERVÉ
Je sais, je sais...

Philippe s'en va.

JEAN-CLAUDE
Hervé, franchement, là, chapeau l'artiste, merci...

HERVÉ
Tu me prends pour un con ? Tu crois que j'ai laissé ma carte de visite ?

JEAN-CLAUDE
Oh, c'est pas vrai, quel brigand ! Qui c'est qui va morfler alors ?

HERVÉ
Sortant son portefeuille qui contient une liasse de cartes de visite différentes – J'en sais rien, on va voir. Comme vous venez tous faire vos cartes de visite au CE, j'en garde une de chaque. Tiens, j'ai Sylvain, Maéva, Philippe...

JEAN-CLAUDE
Faudra me rendre la mienne, hein...

HERVÉ
Alors, qui il me manque, là ? J'ai... j'ai...

André apparaît derrière, au téléphone, s'énervant.

ANDRÉ
Comment ça, j'ai embouti votre caisse ? J'ai pas bougé de la matinée, moi !

Hervé fait signe à Jean-Claude que c'est bien la carte d'André qui manque.

HERVÉ
André...

Les mêmes.

ANDRÉ
Toujours au téléphone – Ouais. Ben t'as beau être déménageur, je t'attends quand même, moi. Ouais. Ouais, c'est ça, ouais.
Il raccroche – Putain je le crois pas, ça. On m'accuse d'un accident que j'ai pas commis...

HERVÉ
Ah, quelqu'un qui essaye de fuir ses responsabilités, hein Jean-Claude ?

JEAN-CLAUDE
Emmerdé – Moi, je connais mal ce dossier. Le mieux, c'est que j'aille aux toilettes, d'ailleurs...

HERVÉ
T'as raison...

Jean-Claude s'en va donc aux toilettes.

ANDRÉ
Je vais lui signer son constat, moi. Sur le front, au cutter. Pourtant, y a un truc qui me chiffonne...

HERVÉ
Quoi ?

ANDRÉ
Bah, je me demande comment ma carte de visite a pu atterrir sur son pare-brise, ça, je... Je comprends pas.

HERVÉ
Ouais. Chais pas. Tiens, je vais voir où en est Jean-Claude, enfin je...
Il se dirige vers les toilettes, fuyant, mais arrive Philippe au téléphone.

PHILIPPE
Très bien, passez une bonne journée, je lui dis tout de suite, au revoir.
Il raccroche – Hervé. Hervé je raccroche d'avec Bellepoigne et je t'ai vengé.

HERVÉ
De ? C'est ? De quoi ? C'est-à-dire ?

PHILIPPE
Eh ben, je lui ai expliqué de pas tenir compte de ta carte de visite que t'as laissée sur son pare-brise mais que le véritable responsable de l'accident, c'est Jean-Claude ! Justice sera faite !

ANDRÉ
L'œil mauvais – J'allais le dire...

HERVÉ
Euh, j'appelle Jean-Claude ?

PHILIPPE
T'es content, hein ?

HERVÉ
Jean-Claude ? Il veut te voir, André...

ÉPILOGUE

Philippe se sert un café. On entend en off André remettre lentement la tête de Jean-Claude, et ça semble faire assez mal. Cela fait marrer Philippe. Il s'approche pour entendre mieux puis repart, peureux, lorsque la porte s'ouvre. Il se relaxe, ce n'était qu'Hervé qui sortait.

PHILIPPE
Oh, bah, dis donc, quand André en aura fini avec Jean-Claude, il aura beaucoup de mal à le signer, son constat ! Cela dit, il n'a que ce qu'il mérite. Il a été clément avec toi, il t'a pas frappé ? (***Hervé fait non de la tête.***) Eh ben dis donc. Pourtant, c'était pas joli joli, le coup de la carte. J'aimerais bien récupérer la mienne d'ailleurs.

HERVÉ
Ouvrant finalement la bouche, d'où sortent lesdites cartes – Vas-y, sers-toi.

PHILIPPE
Dégoûté – Ça va...

LES FURIEUX

Auteurs : Hervé et Laurent NICOURT

Personnages

1er guest
2e guest
Figurant (un vieux)
Fred
Hervé
Sylvain

Pitch

Sylvain et ses furieux du club de Scrabble organisent une sortie et il leur reste des places. Évidemment, tout le monde s'en fout mais...

PROLOGUE

Sylvain et Fred. Sylvain gave Fred avec ses histoires.

SYLVAIN
Et alors qu'elle était sûre d'avoir gagné la partie de Scrabble, je lui sors « syntaxe » en 42 points, lettre compte double et mot compte triple ! Anéantie qu'elle était ma mère !

FRED
Qui n'en a rien à faire – Quelle aventure !

SYLVAIN
Prenant l'air dur – Je sais, c'est un peu violent, mais moi, quand je joue, je fais pas de sentiment, c'est mon côté killer !

Fred et Hervé se prennent le chou à la machine. Ils ont leur manteau.

FRED
Désolée, mais moi, j'ai pas encore l'âge de me coucher à 10 heures, après le film.

HERVÉ
Hé, t'oublies les gros câlins !

FRED
Ouais… 10 h 03.

Sylvain arrive tout excité.

SYLVAIN
Hé, les amis, ça vous dit de venir avec moi ? Avec mes furieux du club de Scrabble, j'organise une sortie au Château et après on va dîner. On a tous rendez-vous en bas, y a un bus qui vient nous prendre et y a encore de la place !

HERVÉ
C'est ça, et pourquoi pas une partouze avec tes binoclards et tes mamies !

FRED
Si c'est pour se faire chier, j'ai ce qui faut à la maison.

SYLVAIN
Qui repart vexé – Y sont pas tous binoclards et vieux ! Y pourraient vous surprendre, mes furieux. Y savent s'amuser !

HERVÉ
C'est ça. ***À Fred*** – Et toi, t'arrêtes tes allusions à deux balles parce que...

Un mec bonne tête et bien bâti, pantalon bleu et blouson, sort de l'ascenseur et vient vers eux, hésitant. Fred bave en le regardant.

1er GUEST
Bonjour, je cherche Sylvain Muller. C'est le club de Scrabble, pour la sortie au Château...

FRED
À elle-même – Oh putain, les furieux !

Les mêmes, Fred est tout émoustillée et Hervé furieux.

FRED
Et vous êtes tous comme ça, au club de Scrabble ?

1er GUEST
Ben, c'est-à-dire...

HERVÉ
Sèchement, lui coupant la parole – Sylvain Muller c'est là-bas, OK. 3e bureau à gauche ! ***Le mec part. À Fred*** – Hé, mais t'avais qu'à lui sauter au paf direct pendant que tu y étais. T'as pas honte ?

FRED
De reluquer un beau mec bien fait ? Pas plus que de me taper un papy avant l'âge qui m'oblige à mettre des pantoufles quand je vais chez lui.

HERVÉ
Mais Pupuce, tu sais très bien que c'est à cause de mon parquet flottant... y raye et...

FRED
L'interrompant – Recommence pas avec ça ! J'en ai plein le cul de ton petit parquet, de tes petits galets, de ta petite mentalité, de... de... de ta petite bite !

Sylvain revient avec le beau mec et se dirige vers l'ascenseur.

FRED
À Sylvain – Dis-moi, Sylvain, tu me disais bien qu'il restait des places dans le bus avec tes furieux.

SYLVAIN
Oh ben ouais, parce qu'y en a qu'ont pas pu venir et...

Fred prend le bras du beau mec.

FRED
Vendu, je vais me mettre au Scrabble... ***Regardant le mec*** – Furieusement.
À Hervé – Mot en 4 lettres commençant par un C et terminant par un U ?

SYLVAIN
Cocu ! Si c'est mal placé, ça vaut rien, Fred...

FRED
T'inquiète pas, il est bien placé...

Les mêmes, même disposition.

SYLVAIN
Allez, les amis, on y va.

À ce moment, l'ascenseur s'ouvre et un autre mec, sapé pareil que le premier moins le blouson, sort en poussant un petit vieux dans une chaise roulante.

1er GUEST
À l'autre guest – Ben, pourquoi il est pas dans le bus avec les autres, le Robert ? C'est encore sa prostate qui fait des siennes.
À Sylvain – Y a des toilettes ?

Ils vont vers les toilettes mais Sylvain les arrête à la hauteur de Fred.

SYLVAIN
Je te présente Robert, c'est un vrai furieux au Scrabble.
Il hurle dans l'oreille du vieux – C'est Fred.
Le vieux tend la main à Fred et la lâche plus. À Fred – Tu vas faire équipe avec lui, tu seras sûre de gagner, comme ça !

2e GUEST
Bon, ben, on peut peut-être y aller, nous ? Faudrait qu'on reprenne notre service !

SYLVAIN
Ben, si vous les avez tous mis dans le bus avec les autres, on n'a plus besoin de vous, vous pouvez retourner à la clinique. Je m'occupe de charger Robert, avec Fred.

Il les accompagne à l'ascenseur, laissant Fred qui regarde d'un air dégoûté le vieux qui ne lui a pas lâché la main.

VIEUX
Regardant Fred – Pipi !

HERVÉ
Hilare – Oh pipi, c'est mignon... En 4 lettres, pipi, non ?

SYLVAIN
Ouais !

HERVÉ
Je connais un autre mot en 4 lettres... Il va peut-être le sortir si y pousse un peu ah, ah...

SYLVAIN
Oh, c'est drôle ! Fred, tu ouvres la porte, s'il te plaît ?

Fred tient toujours la main du vieux alors que Sylvain les emmène aux toilettes...

ÉPILOGUE

Le lendemain. Fred à la machine. Arrive Hervé qui va vers elle, hilare.

HERVÉ
Moqueur – Alors, Mère Teresa, ça c'est bien passé, ta première surprise-papy !

FRED
Souriante – Super, on a rigolé toute la nuit !

HERVÉ
Sarcastique – C'est ça... ils ont pris de l'ecstasy et vous avez dansé comme des bêtes.

FRED
Pas de l'ecstasy, non. C'est bleu, en 6 lettres, et bien placé, ça compte triple.

HERVÉ
Je vois pas... (***Elle lui tend sous le nez une pilule de Viagra.***)
Du Viagra ? T'as fait ça avec les vieux ? Mais t'es malade !

FRED
Tu devrais essayer, Hervé, ça te ferait pas de mal... et moi du bien...

HERVÉ
Fais voir. ***Il avale la pilule avec son café. Il s'étouffe. Fred lui tape dans le dos.***

FRED
Bah alors, papy... papy ?

LE CE

Auteur : Frédéric LE BOLLOC'H

Personnages
Fred
Hervé
Jean-Claude
Sylvain

Pitch
Le CE organise un concours sous la forme d'un problème de robinet particulier... Prix à gagner : des places pour un concert de Johnny !

PROLOGUE

Hervé et Sylvain sont devant la machine à café.

HERVÉ
Regardant Sylvain penché sur ses fiches – Dis donc, ça fume Einstein. Qu'est-ce que tu fais, tu bosses sur ma fiche de salaire ? Tiens, rajoute-moi mille balles.
Montrant Jean-Claude qui sort des toilettes – Rajoute mille balles à Jean-Claude aussi, ça lui fera plaisir...

JEAN-CLAUDE
Ah ouais, ouais...

HERVÉ
Tu sais même pas de quoi je parle.

JEAN-CLAUDE
Ah, ben non, mais moi, mille balles, je suis client... surtout quand c'est pour ma pomme...

À une table, le comptable Sylvain griffonne sur un calepin. Absorbé dans sa réflexion, il ne voit pas venir Jean-Claude et Hervé.

JEAN-CLAUDE
En s'adressant à Hervé qui se dirige à la machine – Hé, regarde...
Il touche le front de Sylvain – Il a la bosse des maths qui lui pousse, ah, ah...

SYLVAIN
Il cache son calepin – T'es lourd, Jean-Claude. T'es vraiment un gros lourd de commercial... *Sylvain change de place...*

JEAN-CLAUDE
Tu changes de place ? *Il parle en direction de la machine où se trouve Hervé* – Hé, comment il s'appelle le gars des Chiffres et des Lettres ? Il a la gueule du mec des Chiffres et des Lettres, ça finit en O...

HERVÉ
Coupant Jean-Claude – Hé, Jean-Claude, viens voir ! Regarde un peu la dernière trouvaille du CE. Un jeu concours. Je le crois pas. Y sont forts, au CE. Ils s'arrêtent jamais. Toujours à déconner comme des cons, ils sont cons à déconner tout le temps comme des cons...

JEAN-CLAUDE
Il rejoint Hervé – T'as vu un peu le premier prix !

HERVÉ
Non, c'est quoi ? Un stage de rafting à l'Aquaboulevard ?

JEAN-CLAUDE
Deux places pour le prochain show de Johnny au Mont-Saint-Michel !

HERVÉ
Ah, c'est bien des bœufs, au CE. Johnny Hallyday !

JEAN-CLAUDE
Qu'est-ce t'as contre Johnny ? T'aimes pas Johnny ?

HERVÉ
C'est pas que j'aime pas Johnny... mais bon... ça commence à faire chier Johnny. Johnny sur son bateau... Johnny sur sa gonzesse... Johnny à la bibliothèque...

JEAN-CLAUDE
Il le coupe – Attends, attends là. Tu sais que Johnny, c'est mon idole ; C'est mon Amérique à moi Johnny... ***Jean-Claude touche avec le bout de ses doigts le torse d'Hervé*** – Et puis, hé, hé... tu connais un mec qui chante mieux que Johnny ? Me dis pas Florent Pagny ou je te tape !

HERVÉ
J'ai rien dit ! Mais t'es malade, toi !

JEAN-CLAUDE
Il chante – « Les coups, j'adore ça, hun, hun... Gabrielle, tu brûles mon esprit, tu chavires sur moi, hun, hun... mourir d'amour enchaînéééé ! Hun, hun... »

HERVÉ
Il rit et applaudit Jean-Claude – Bravo, Jean-Claude !

JEAN-CLAUDE
Avec un air concentré – Bon, alors, c'est quoi ce jeu concours ? Vas-y, vas-y...

HERVÉ
C'est une devinette ! Faut remettre la réponse ce soir à l'accueil !

JEAN-CLAUDE
Excité – Allez, balance, balance... je suis incollable sur Jojo !

HERVÉ
Il lit l'intitulé de la devinette – « Sachant que Johnny doit effectuer en moto un trajet de 1 618 kilomètres à la vitesse de 73 kilomètres/heure sous une chaleur de 37 degrés Celsius... » (***Jean-Claude ponctue la lecture d'Hervé par des hein,***

hein.) «… et qu'il devra ingurgiter 0,6 litre d'eau toutes les 12 minutes pour éviter le coup de bambou ; tous les combien de kilomètres devra-t-il s'arrêter et à combien de centilitres équivaudra la totalité de ses pauses pipi ? »

JEAN-CLAUDE
Buté – Bon, ben, c'est quoi, la question ?

HERVÉ
Ben, c'est ça ! C'est une devinette, un problème de robinet, quoi…

JEAN-CLAUDE
En colère – Mais je peux pas répondre à un truc pareil, c'est quoi cette question à la con ? Y a que le mec des Chiffres et des Lettres qui peut répondre à ça !

SYLVAIN
Heureux comme un gosse – J'ai trouvé ! *Il se plante devant Jean-Claude et Hervé* – J'ai trouvé la solution. *Il tape du revers de sa main son calepin* – J'ai la soluce. *Il fait un déhanchement grotesque.*

HERVÉ
T'es sûr de ta réponse ?

SYLVAIN
Sans entendre – Je vais voir Johnny, je vais voir Johnny…

HERVÉ
Avec qui tu vas y aller ?

SYLVAIN
Je ne sais pas. Je vais bien trouver un fan de Johnny dans la boîte…

JEAN-CLAUDE
Roulant des mécaniques – T'en as un devant toi !
Il lui donne des petits coups de poing en chantant – « Les coups, heu, j'adore ça ! Heu, les coups, j'adore ça ! »

HERVÉ
Il est fan, Jean-Claude, attention !

SYLVAIN
Les voyant venir – Ah ouais, mais non… attends, Jean-Claude, attends. T'as vu comment tu me parles, moi, le petit comptable de merde !

JEAN-CLAUDE
Continuant – « Les coups… »

SYLVAIN
À la limite, si je devais partir avec toi… ***Se la jouant*** – Je préférerais pas partir.

JEAN-CLAUDE
S'arrêtant net de fredonner – Eh ben, t'as qu'à pas y aller.
Jean-Claude lance un regard de connivence à Hervé.

SYLVAIN
Flippé – Qu'est-ce que tu veux dire par là ?

JEAN-CLAUDE
Zappant Sylvain et s'adressant à Hervé – Ça te dirait, toi, Johnny au Mont-Saint-Michel ?

HERVÉ
Bah, tu connais mon opinion sur l'homme… en même temps, le Mont-Saint-Michel, ça doit pas être dégueu… On bouffe bien là-bas, non ?

Après une brève pause où Jean-Claude et Hervé se regardent en silence, Jean-Claude se précipite sur le calepin que Sylvain tient dans les mains.

HERVÉ
Allez, donne-lui ! Il va te cogner… il va te cogner… ***Puis il s'écarte et assiste à la petite empoignade merdique entre Sylvain et Jean-Claude*** – … attention, il le mange, Jean-Claude ! Il va le manger !

Sylvain se colle contre la machine à café. Gros plan de son visage en train de bouffer la feuille où figure la solution.

ÉPILOGUE

Fred boit un café devant la machine à café. Par désœuvrement, elle lit l'affichette du CE. Sylvain surgit dans le cadre.

SYLVAIN
Se jetant à l'eau – Ça te dirait de m'accompagner ? Voir Johnny au Mont-Saint-Michel. Faire le trajet en autocar, ça peut être sympa. On pourrait chanter son répertoire…

FRED
Se défilant – C'est gentil mais Johnny et le car, ça m'fait gerber.
Elle va pour partir, puis se ravise. Elle désigne la bouche de Sylvain – T'as un bout de papier coincé entre les dents, là…

Elle s'en va. Sylvain se tourne face caméra et extirpe de ses dents un bout de papier.

COUP DE VIEUX

Auteurs : Hervé et Laurent NICOURT

Personnages
Guest (Sara, la fille d'Hervé)
Fred
Hervé
Vince

Pitch
Fred et Vince s'entendent bien parce qu'ils ont le même âge. Mais l'arrivée de Sara bouleverse la donne.
Ah, ces mômes !

PROLOGUE

Fred et Hervé à la machine.

HERVÉ
Content de lui – Franchement, à quoi on pourrait voir qu'il y a autant de différence d'âge entre toi et moi, hein ?

FRED
Ben, à tes fringues, ta coupe, ton boulot, ton appart, ton langage, tes idées, ton odeur, tes slips, etc.

Hervé baisse la tête.

Fred et Vince à la machine. Ils rient dans un instant de grande complicité.

VINCE
Non ! C'est pas vrai ? Vous avez fait ça dans l'ascenseur !

FRED
Ouais ! Mais motus, y a qu'à toi que je peux dire ça, ici ! Et l'ascenseur s'ouvre juste devant un couple de mamies. Tu les aurais entendues crier, comme si on avait fait un truc immonde.

VINCE
Les vieux, y sont craignos quand il s'agit de cul !

FRED
On dirait qu'ils ont jamais été jeunes !

VINCE
Une fois, avec une copine, on était planqués sous une couverture, tout seuls, tranquilles. Y a deux vieux qui viennent de l'autre bout de la plage...

Arrive la guest par l'ascenseur pendant qu'il parle. Elle hésite un peu avant de se diriger vers eux. Fred la voit.

FRED
Tiens, la fille d'Hervé !

VINCE
Avec un petit sourire – Tu veux dire ma petite amie ?

FRED
Sourire d'excuse – Excuse-moi, je me suis pas encore fait à l'idée que vous êtes ensemble.

VINCE
À la guest – Bisous, ma puce !

GUEST
Offusquée – Pas devant ma belle-mère !

Tête de Fred !

Les mêmes. Fred un peu refroidie.

VINCE
À la guest – Alors, pour ce soir, c'est bon ? Tu peux ?

GUEST
Ben, je sais pas encore, faut que je demande l'autorisation à mes vieux. Pff... C'est pas gagné.
Elle se tourne vers Fred – Tu m'autorises à sortir ce soir ?

FRED
Sidérée – Hein, mais ça va pas ! Mais pourquoi...

GUEST
Râleuse, lui coupant la parole – Je m'y attendais tiens ! *À Fred* – Allez, c'est un concert des Zen Destroys, c'est super cool, dis-lui, Vince !

FRED
Furax – Mais ça va pas, pourquoi tu me demandes ça à moi, je suis pas ta mère !

GUEST
Ouais, mais c'est pareil, t'es avec mon père, ben, t'es ma belle-mère, c'est tout comme que ma mère !

FRED
Furax et Indignée – Mais... mais sûrement pas ! Je t'interdis de dire ça !

GUEST
À Vince – Interdire, ça y savent ! *À Fred* – Et pour ce soir, tu m'interdis aussi, j'imagine ?

FRED
Furax – Mais je m'en fous ! C'est pas mes oignons. Va demander à papa... enfin à ton père !

GUEST
Pffou, on dirait que t'as jamais été jeune. *Elle s'en va* – C'est vraiment relou, les parents !

Fred et Vince. Vince gêné, Fred qui essaie de se calmer.

FRED
Bon, ben, où on en était ? Ah ouais, tes galipettes sur la plage...

VINCE
Mal à l'aise – Ben, euh, ça me gêne de parler de ça maintenant.

FRED
Pourquoi ? Parce que ta petite amie est là ? T'inquiète, elle entend rien.

VINCE
Non, mais parler de cul avec... euh... enfin... la belle-mère de ma meuf, ça me fait bizarre, tu vois.

FRED
Sciée – Mais qu'est-ce tu me fais ?

VINCE
Moi, tu sais, les rapports entre générations, le truc parents-copains, c'est pas mon kif, tu m'excuses.

FRED
Mais je t'interdis de dire ça !

VINCE
Et voilà, tout de suite les grands mots ! *Froid* – Bon, ben, tu nous la donnes, l'autorisation pour ce soir ?

FRED
Pétant les plombs – Ah, fais pas chier avec ça !

VINCE
Pff, t'es bien comme les autres ! *Il s'en va* – C'est vraiment pas cool, les parents !

ÉPILOGUE

Fred furax à la machine. Arrive Hervé bouche en cœur, deux billets à la main.

HERVÉ
Ah, ma Fred, regarde ! Deux billets pour le théâtre ce soir. Et après je t'emmène dans un petit restau gastronomique et...

FRED

L'interrompant violemment – Non ! Ce soir, je sors en boîte jusqu'à pas d'heure, je me torche la gueule avec tout ce que je trouve, je me tape un petit jeune, p'têt même deux ! Et en rentrant, si je peux, j'écrase un vieux !
Elle part – Alors, traîne pas dehors ce soir, papy !

HERVÉ

Mais qu'est-ce que je lui ai fait ? ***Lui parlant de loin*** – Tu veux pas aller au théâtre, avant tout ça ?

KÉVIN ET LISE

Auteur : Lionel MOREAU

Personnages
Hervé
Jean-Claude
Jeanne

Pitch
Kévin et Lise, la fille de Jeanne, se sont croisés à la piscine.

PROLOGUE

HERVÉ
Alors, c'était comment l'anniversaire de Kévin ?

JEAN-CLAUDE
Naze. Y avait que des mecs. Ça m'inquiète, va falloir que je lui parle au gosse.

HERVÉ
À douze ans, je pensais pas encore à ça, moi, attends !

JEAN-CLAUDE
Et c'est censé me rassurer ?

HERVÉ
Dis donc ! T'as commencé à quel âge, toi ?

JEAN-CLAUDE
Bah, moi à douze ans, on m'appelait le petit poney.

HERVÉ
Ah bon ?

JEAN-CLAUDE
Ah ouais...

JEANNE
Alors y paraît qu'Hervé t'a donné tous les tickets piscine du CE ?

JEAN-CLAUDE
Bah, ouais, c'est pour Kévin. Il se prend pour un poisson ce petit con.

JEANNE
Bah, moi, ma Lise, elle voudrait faire du poney, mais bon, tu sais, la piscine c'est un peu plus dans mes moyens, alors, la semaine dernière, je l'ai forcée à y aller, si ça se trouve, ils se sont croisés.

JEAN-CLAUDE
C'est pas impossible.

JEANNE
Ouais. Tu sais que du coup ça lui a tellement plu, la piscine, qu'elle me demande un abonnement.

JEAN-CLAUDE
Ah, tu m'étonnes !

JEANNE
Ouais, et comme les tickets du CE, c'est moins cher, ça m'arrangerait si tu pouvais m'en laisser un petit peu pour la semaine prochaine.
Surtout qu'elle a perdu son maillot de bain et qu'il faut que je lui en rachète un. J'avais marqué son nom pourtant dessus. Mais tu sais comment sont les gens, ça m'étonnerait qu'ils me le ramènent.

Jean-Claude sort un maillot de bain rose pour fillette de sa poche.

JEAN-CLAUDE
Lise Bignon ? C'est ça ?

JEANNE
Bah oui !

JEAN-CLAUDE
Je l'ai retrouvé sous l'oreiller de Kévin.

JEANNE
Bah, qu'est-ce qu'il faisait là ?

JEAN-CLAUDE
Ça, j'en sais rien, mais si ta gamine elle aime le poney, comme tu me disais tout à l'heure, elle va l'adorer mon gosse. Ah, ah, c'est qu'il me donnerait des complexes, ce petit con !

JEANNE
Oh, mon Dieu !

JEAN-CLAUDE
Mais je rigole, Jeannette ! Ils ont juste un peu flirtouillé, c'est tout ! Oh là là...

JEANNE
Et le maillot de bain alors ?

JEAN-CLAUDE
Oh, bah ça, c'est ta fille qui l'a donné au petit Kévin pour qu'il le mette sous son oreiller pour rêver d'elle la nuit. C'est te dire le niveau !

JEANNE
C'est mignon, remarque.

JEAN-CLAUDE
Mignon, mon cul, ouais ! Comment je te l'ai recalé, le gamin ! Il est grand temps qu'il s'attaque aux choses sérieuses ! La chignole !

JEANNE
Oh, bah, écoute, ils sont beaucoup trop jeunes, Jean-Claude !

JEAN-CLAUDE
En pleine puberté ?

JEANNE
Ah, écoute, je ne veux pas que Lise fasse la même erreur que moi ! Je l'ai eue beaucoup trop tôt, j'ai dû arrêter mes études, et j'ai un petit salaire, et j'ai même pas de quoi lui payer un poney ! Alors je ne veux pas que Kévin approche ma fille, c'est clair ?

JEAN-CLAUDE
Bon, bah, d'accord. Je lui en toucherai un mot demain. S'il est pas trop tard.
Bah oui, quoi ! Ta gamine était à la maison pour aider le petit à réviser !
Mort de rire – Ce serait bien la première fois qu'il bosse, ce con !
Il rit.

JEANNE
Oh, mon Dieu !

Jean-Claude est au téléphone.

JEANNE
Mais pourquoi il répond pas, là ?

JEAN-CLAUDE
Allô Kévin ? Ouais c'est papa. T'en es où avec la petite ? Page 12 ?
Du Kama-sutra ? ***D'un coup moins rieur*** – Molière ? Connais pas, non.
Ouais ouais ouais, on va en reparler ce soir, ouais !
Il raccroche – Insolent, va !

JEANNE
Qu'est-ce que ça me rassure, tu peux pas savoir ! Oh mais si tu veux, Lise, elle peut l'aider, ton Kévin, à réviser tous les mercredis soir, s'ils s'entendent tant que ça.

JEAN-CLAUDE
Mais il n'en est pas question ! Moi, je veux pas que ta fille elle transforme mon fils en acam..., en acadé...

JEANNE
Académicien !

JEAN-CLAUDE
Exactement. Je me le pardonnerais jamais ! (*Jeanne chouine.*)
Y a pas de umumumum. Tiens, voilà les tickets de piscine !
Et tu dis à ta fille qu'elle s'approche plus de mon fils !

JEANNE
Bon, merci.

JEAN-CLAUDE
Y a pas de quoi. Pas question qu'il fréquente des endroits aussi mal...

JEANNE
Fréquentés...

JEAN-CLAUDE
Voilà !

JEANNE
Seule, testant le soutien-gorge du maillot de bain de sa fille sur elle –
Qu'est-ce qu'elle a pris, ma Lise, mais c'est pas possible faut qu'elle arrête les rillettes hein ! Allez, cette semaine, à la diète ! Ça tombe bien, parce que j'ai plus un rond.

ÉPILOGUE

JEAN-CLAUDE
Je suis désolé mais c'est le rôle d'un père de faire le ménage dans les fréquentations de ses enfants.

HERVÉ
Moi, pareil, je garde toujours un œil sur les amis de ma fille, toujours, attention !

JEAN-CLAUDE
Quel âge elle a, ta fille, déjà ?

HERVÉ
Bientôt dix-huit.

JEAN-CLAUDE
Ah, bientôt dix-huit... Qu'est-ce qu'elle fait ce soir, ta fille ? Parce qu'il se trouve que j'ai loué une petite cassette vidéo pour Kévin, tu sais, un film allemand sur la nature...

HERVÉ
C'est bien simple : si ton fils s'approche à moins de vingt mètres de ma fille, j'en ferai un orphelin. C'est clair ça ? (***Jean-Claude fait mine de partir.***) Par contre, tu sais, je suis sur le marché allemand avec Yavoltz Müller... Et j'ai des petites lacunes en teuton, alors je me demandais si je pouvais pas passer...

JEAN-CLAUDE
Cinq euros.

HERVÉ
D'accord.

LE DABE

Auteur : Frédéric LE BOLLOC'H

Personnages
Guest
Hervé
Jean-Claude
Jean-Guy
Juju

Pitch
Jean-Claude n'a pas que des enfants encombrants.
Son père aussi...

JEAN-CLAUDE
Je t'ai déjà parlé de mon père, Hervé ?

HERVÉ
Non. Pourtant en te voyant, je me dis que ça doit être une curiosité...

JEAN-CLAUDE
Et pourquoi ?

HERVÉ
À cause de sa progéniture. ***Désignant le nez de Jean-Claude*** – C'est de lui, ce physique encombrant, ah, ah ?

JEAN-CLAUDE
Ah, ah, t'as de la veine qu'il t'entende pas, il te collerait au mur, surtout s'il a un coup dans le nez...

HERVÉ
Il a le vin mauvais ?

JEAN-CLAUDE
Pi.

HERVÉ
C'est possible, ça ?

Hervé et Jean-Claude à la machine à café... mous...

HERVÉ
J'en ai ras le bol, je suis à fond en ce moment...

JEAN-CLAUDE
Et moi donc, je suis en sueur...

JUJU
Sortant de l'ascenseur – Jean-Claude, y a quelqu'un qui veut te voir...

JEAN-CLAUDE
C'est qui ? Gégé ?

JUJU
Non, ton père.

HERVÉ
Oh putain, je vais enfin voir l'engin, ah, ah...

JEAN-CLAUDE
Ouais, ben, dis-lui d'attendre à la réception, je descends.

JUJU
Trop tard, il a pris les escaliers. Il voulait faire la course avec moi...

HERVÉ
C'est pas vrai, ah, ah...

JEAN-CLAUDE
Bah, ris pas. Il a dû se fritter avec ma mère à tous les coups.

Entrée du guest.

GUEST
Essoufflé – On parle de moi, là...

Où l'on retrouve le guest, Jean-Claude, Hervé et Juju.

GUEST
S'adressant à Juju – Si c'est pas dommage, un beau petit lot comme vous... porter des pantalons. Montrez vos gambettes, bordel à cul, ah, ah !

JUJU
En partant – Tel père, tel fils...

HERVÉ
Ben alors, Jean-Claude, tu me présentes pas ?

JEAN-CLAUDE
Si, si... Papa, je te présente Hervé, Hervé, je te présente mon père.

GUEST
Ah, c'est toi, le casse-couilles syndiqué ?

HERVÉ
Je te remercie, Jean-Claude...

JEAN-CLAUDE
Merde papa, un peu de talc, Hervé est mon meilleur ami... et puis d'abord, qu'est-ce que tu viens m'emmerder ici ?

GUEST
T'entends comment il parle à son paternel ?

HERVÉ
C'est vrai que t'es un peu sec, Jean-Claude.

JEAN-CLAUDE
Bon, qu'est-ce qu'il y a ? Tu t'es encore engueulé avec maman, c'est ça ?

GUEST
Comment tu sais ?

HERVÉ
Le pif sûrement… je vous paye un café ?

GUEST
Oui, le café, j'aime bien, moi !

JEAN-CLAUDE
Mais, tu m'as encore piqué ma cravate US !

GUEST
Ah, bah ouais, c'est pour faire plus jeune…

Hervé rit.

Où l'on retrouve le guest, Jean-Claude et Hervé.

GUEST
Ah mais cette fois, c'est la bonne, fiston, j'ai pris mes cliques et mes claques ! Qu'elle implore à genoux, je reviendrai pas…

JEAN-CLAUDE
Ça y est, t'as fini ? Ça fait quarante ans que ça dure vos scènes. Tu vas me faire le plaisir de réintégrer le logis avant que la mère se fasse des bigoudis.

GUEST
À Hervé – Pour me faire empaler au couteau à gigot, de la merde ! Et tout ça, pourquoi ? Parce que j'ai eu le malheur de lui dire que mon steak était trop cuit !

HERVÉ
No comment…

JEAN-CLAUDE
Bon, allez, va m'attendre au Balto, le temps que je la raisonne au téléphone.

GUEST
Moi, je veux bien, mais… je fais comment pour consommer ?

HERVÉ
Mettez ça sur le compte de Jean-Claude. Il a une ardoise longue comme mon bras.

GUEST
C'est-à-dire que moi aussi… tricard pour vous dire…

Jean-Guy entre dans le champ.

JEAN-CLAUDE
Lui donnant de l'argent – Tu fais chier ! Tiens, pour le Balto…

JEAN-GUY
Alors, mon petit Jean-Claude, vos compagnons de boisson viennent vous relancer jusqu'ici, maintenant. Il faudrait peut-être leur préciser que notre entreprise n'est pas une annexe du Balto…

GUEST
C'est qui, ce gros con ?

Jean-Claude grimace.

ÉPILOGUE

Jean-Claude et le guest. Le guest est au téléphone.

GUEST
Mais j'emmerde qui je veux… surtout mon fils… à son boulot, exactement…
Donnant le portable à Jean-Claude – Tiens, elle veut te parler…

JEAN-CLAUDE
Ouais, maman… mais non…
À son père – Souffle pour voir…
Au téléphone – Non, ça va, il peut conduire… oui, au plus vite, oui… je te le passe…

GUEST
Allô, Simone ? Oui, ben, je serai là quand je serai là. Qu'est-ce qu'on mange de bon, ce soir ? Quelle cuisson ?

JEAN-CLAUDE
Je t'avais dit d'arrêter avec ça, papa…

GUEST
Si, c'était trop cuit, mon tournedos, on aurait dit un macaron… du gâchis, je te dis !
Il raccroche.

JEAN-CLAUDE
Las – Putain, t'es lourd…

GUEST
Ah, mais quoi, on rigole ! ***Lui présentant sa main*** – T'en veux ?

JEAN-CLAUDE
Lui baisant la main – Ben, forcément…

MON PÈRE CE ZÉRO

Auteurs : Hervé et Laurent NICOURT

Personnages

Figurants
Guest
Hervé
Jean-Claude
Jean-Guy
Nancy

Pitch

À la soirée seniors, sponsorisée par la boîte, Jean-Claude demande à son père de bien se tenir. Il se tient bien... trop bien même.

PROLOGUE

Jean-Claude et Hervé à la machine.

JEAN-CLAUDE
Attendri – Hier, mon petit dernier, il m'a dit : « Papa, quand je serai grand, je ferai tout comme toi ! »

HERVÉ
C'est con, les mômes, parfois !

JEAN-CLAUDE
Incertain – Tu… tu te moques, là ?

Hervé et Jean-Claude. Ils sont en costume, un verre à la main. On sent au décor qu'il y a un pot, des figurants passent avec un verre.

HERVÉ
T'as invité ton père à la soirée « Les Seniors en or » sponsorisée par la boîte ?

JEAN-CLAUDE
Je l'ai pas invité ! Il était sur la liste !

HERVÉ
Mais attends, c'est une soirée qui récompense les salariés du département qui ont fait quarante ans dans une même boîte ! Ton père, il a jamais bossé !

JEAN-CLAUDE
Justement ! Comme il est resté quarante ans inscrit à l'ANPE, ils ont fini par croire qu'il y travaillait.

Arrivée de Convenant senior.

GUEST
Salut les glandus ! Dis-moi, ça frétille de jeunettes ici ! À cet âge, c'est sensible au charme de l'homme d'expérience. Tu crois que…

JEAN-CLAUDE
Ah non, papa, commence pas ! Ici tu te tiens bien ! Pas comme l'autre fois avec Jean-Guy !

GUEST
À Hervé – Comment y parle à son père !
À Jean-Claude – Ça va, je me suis excusé !

JEAN-CLAUDE
Et tu picoles pas !

GUEST
Pas une goutte ? Mais je vais les vexer, passer pour un mufle... ça se fait pas !

JEAN-CLAUDE
C'est ça, ouais... le minimum alors, et pas de mélange !

GUEST
Mais enfin, pour qui y me prend ?

HERVÉ
Pour un Convenant !

Le guest et Nancy. Ils rient ensemble en franche camaraderie, une coupe à la main, quand arrive Jean-Claude.

NANCY
Finement observé, bravo ! ***À Jean-Claude*** – Ah, Jean-Claude, J'ai fait connaissance de votre père. C'est un homme charmant !

GUEST
En doutiez-vous ? Peut-être mon fils n'a-t-il pas su donner au nom des Convenant l'éclat qu'il mérite ?

NANCY
Diplomate – Ben... non... mais...

GUEST
Oui, je vois... Pourtant, j'ai bien tenté de l'élever dans les principes de l'école anglaise mais parfois la créature échappe à son créateur.

JEAN-CLAUDE
Énervé par le petit jeu – Mollo, papa, mollo !

GUEST
Par exemple, ce côté rustique, j'y suis pour rien ! D'ailleurs, il le dit lui-même : je me suis fait tout seul ! Mais bon, il a pas eu le temps de finir !

Nancy et le guest rient tous les deux. Jean-Claude le prend mal. Jean-Guy arrive au loin.

JEAN-GUY
Nancy, s'il vous plaît ! Pouvez-vous venir un instant !

NANCY
Au guest – Vous m'excusez ?

GUEST
Vous n'avez pas à vous excuser, la beauté a tous les droits ! (***Elle s'en va, flattée.***) T'as vu fiston, la classe du milord ! La Nancy, elle fond comme de la rillette sur un radiateur…

JEAN-CLAUDE
Hypocrite – Bel exploit ! Ça mérite une récompense ! ***Il sort sa flasque*** – Un petit whisky ?

GUEST
C'est pas de refus. Mais mollo. (***Surprise de Jean-Claude.***) Pas plus haut que le bord !

Ils se marrent tous les deux mais Jean-Claude est très hypocrite.

Jean-Claude tout seul qui regarde sa flasque vide, l'air satisfait. Nancy revient.

NANCY
Où est votre papa ? Quel homme charmant, je dois avouer que…

Le guest sort des toilettes en rattachant sa braguette. Il a l'air nettement moins frais.

GUEST
On parle de moi, là ? J'étais allé changer l'eau des olives, ça soulage !
Bon, alors, de quoi qu'est-ce qu'on causait déjà ?

NANCY
Décontenancée – Euh, ben…

GUEST
À Nancy – Hé, je parie qu'il a déjà essayé de vous bousculer dans un coin, le maladroit. ***À Jean-Claude*** – Hein, fiston, avoue !

JEAN-CLAUDE
Mais… non !

GUEST
Oh, t'as pris une veste, toi ! Normal, c'est pas du mouron pour ton serin, ça.
Laisse faire l'homme d'expérience.
À Nancy, pressant – Hein, ma belle !

Jean-Guy arrive en souriant.

JEAN-GUY
Alors, messieurs, tout se passe bien ?

GUEST
Tiens, rev'là le gros con !

ÉPILOGUE

Jean-Claude, seul à la machine.

JEAN-CLAUDE
Super, il me fait passer pour un con auprès de Nancy, il me fout dans la merde auprès de mon boss... M'aura tout fait le pater !

Hervé arrive à ce moment.

HERVÉ
Jean-Claude, y a ton père qu'a emprunté ta Xantia pour rentrer.

JEAN-CLAUDE
Affolé – Il a pas pris la route dans cet état-là ?

HERVÉ
Non, rassure-toi, il s'en est rendu compte avant de sortir du parking. Il est rentré à pied finalement.

JEAN-CLAUDE
Ouf, je préfère ! Et il l'a laissée où, la Xantia ?

HERVÉ
Dans la bagnole de Jean-Guy, sur le siège avant...

LA NAPPE

Auteur : Frédéric LE BOLLOC'H

Personnages
Guest
Hervé
Jean-Claude
Jean-Guy

Pitch
Jean-Claude vient de décrocher un contrat. Cela ne plaît pas à tout le monde...

PROLOGUE

Jean-Claude et Jean-Guy sont à la machine...

JEAN-GUY
Le service comptabilité m'a fait parvenir une liste détaillée de vos frais de bouche. Vous vous mouchez pas du coude...

JEAN-CLAUDE
C'est pas avec une formule bistrot qu'on déride un client, Jean-Guy. Surtout si ça sent la signature au bout du calva, voire de la prune pour les plus coriaces...

JEAN-GUY
Parlons-en. Vous avez fait un mois calamiteux...

JEAN-CLAUDE
Ben, la faute à qui aussi ? Ce mois-ci, je suis tombé que sur des buveurs d'eau... à croire qu'ils se sont donné le mot !

JEAN-GUY
Bon alors faites parler la prune !
Il s'en va.

JEAN-CLAUDE
Ah, bah alors, si vous me donnez l'autorisation... ça va fumer !

Jean-Guy et Jean-Claude à la machine. Jean-Guy inspecte un bout de nappe fatiguée.

JEAN-GUY
Qu'est-ce que c'est que ce torchon ?

JEAN-CLAUDE
Je l'ai eu à l'arrache, Jean-Guy. À table, il a gardé son veston tout du long, y a qu'à la poire qu'il a commencé à se dérider.

JEAN-GUY
On ne signe pas des contrats d'ordre professionnel sur des nappes en papier !

JEAN-CLAUDE
Je suis pas un homme de paperasse. ***Soulignant du doigt le bout de nappe*** – Vous avez vu le chiffre...

JEAN-GUY
Impressionné – En effet... de quelle société s'agit-il ?

GUEST
Sortant de l'ascenseur, furibard – T'es un salaud, Jean-Claude...

JEAN-GUY
Qu'est-ce que c'est que ça... vous connaissez cet homme ?

GUEST
Traître...

JEAN-CLAUDE
Ah, salut Jean-Yves...

GUEST
Espèce de petit enculé de merde...

Les trois.

GUEST
T'as pas le droit de rogner sur ma clientèle, Jean-Claude !

JEAN-CLAUDE
C'est la loi du plus fort, Jean-Yves.

JEAN-GUY
Bon Dieu, qui est cet individu, Jean-Claude ?

GUEST
Jean-Yves Robin. Je suis commercial chez Digix.
Le désignant du doigt – On avait passé un accord, Jean-Claude !

JEAN-CLAUDE
Je l'ai pas poussé à signer, Beuvier...

GUEST
À peine ! J'ai eu son secrétariat. Aux dernières nouvelles, c'est un infirmier qui le borde. On l'a retrouvé dans son vomi à La Pintade qui fume.
Le prenant au colbac – En plus, t'en veux à la santé de mon gagne-pain. Beuvier, c'était chasse gardée, merde !

JEAN-GUY
Bon, vous vous en remettrez. C'est pas ce marché qui coulera la florissante Digix. Mes compliments, Jean-Claude...

GUEST
En désignant le bout de nappe – Toute façon, il vaut rien, ton papier...

JEAN-CLAUDE
Il a signé pour 200 unités, tu sais pas lire ? Et puis, si je peux me permettre, Jean-Yves… je te rends les billets de ta pièce ! Tu te souviens de Pichon ?…

GUEST
On se connaissait pas à l'époque, c'était avant notre *gentlemen's agreement*… Je vous préviens, je vais mettre le service juridique de Digix sur le coup. Il va finir au broyeur, ton bout de nappe !

JEAN-GUY
On peut peut-être calmer votre courroux, monsieur Robin ?

Les trois mêmes.

GUEST
Regardant son chèque – Bon, ben, c'est d'accord, je me couche…

JEAN-CLAUDE
C'est beaucoup trop, Jean-Guy…

JEAN-GUY
Taisez-vous, Jean-Claude. ***En partant*** – Pour une fois qu'on peut faire la nique à Digix, ah, ah…

JEAN-CLAUDE
Putain, un régal, ton numéro, Jean-Yves…

GUEST
Je te l'avais dit, du velours, ah, ah… les directions, c'est toutes les mêmes, infoutues de mettre un nom sur leur clientèle…

JEAN-CLAUDE
Pourtant, Beuvier, ça fait un bail qu'il achète chez nous…

GUEST
Beuvier, tu dis ? Connais pas… enfin maintenant, si.
Il embrasse le chèque – Merci Beuvier, ah, ah !

JEAN-CLAUDE
Ah, ah ! Bon, c'est quand ton déjeuner d'affaires avec Pironi ?

GUEST
Mardi en huit.

JEAN-CLAUDE
Va pour l'esclandre chez Digix mardi en huit. Ça va saigner, ah, ah…

GUEST
Si tu pouvais éviter d'en arriver aux mains, je préférerais...

JEAN-CLAUDE
Juste une petite gauche, Jean-Yves... pour faire avaler la pilule...

GUEST
Non, je préférerais...

JEAN-CLAUDE
Ben dis donc, qu'est-ce que t'es devenu bégueule ! Petite droite, je te dis, allez !

GUEST
Je préférerais...

ÉPILOGUE

JEAN-GUY
Vous êtes de drôles de zozos, vous, les commerciaux, hein ? Je pensais à Robin... Votre collègue de la semaine dernière.

JEAN CLAUDE
Jean-Yves ? Oh, vous savez, on fait le métier hein, Jean-Guy, rien de plus.

JEAN-GUY
Oh, faites pas le modeste ! Au fait, comment va-t-il ?

JEAN-CLAUDE
Merde ! Quel jour on est ? Oh, excusez-moi, Jean-Guy, j'ai un rendez-vous clientèle ! Oh, le fumier, tu voulais me piquer Pironi, hein ? Ça va saigner !
Il s'en va.

JEAN-GUY
Il est sur la bonne voie, hein ! Et comme il dit : un calva, un contrat, une prune, la fortune, à jeun, y vaut rien ! Ah, ah... Enfin bon...

L'ÂGE INGRAT

Auteurs : Hervé et Laurent NICOURT

Personnages

Jean-Claude
Nancy
Philippe

Pitch

Jean-Claude est désespéré de faire son âge.
Philippe lui conseille d'utiliser des produits de beauté pour homme.

PROLOGUE

Jean-Claude et Philippe. Philippe se rajuste la houppette devant le reflet.

JEAN-CLAUDE
Ben alors, Tintin, t'as la houppette en berne ? C'est à cause de tous tes tifs tombés au champ d'honneur ?

PHILIPPE
Rigole, va, ça t'arrivera aussi ! Parce que, moi, j'ai pas toujours été dégarni ! À un moment, j'ai même eu la banane.

JEAN-CLAUDE
Rigolard – Et maintenant t'as plus que la peau !

Jean-Claude à la machine. C'est le matin, Philippe arrive par l'ascenseur avec son sac.

JEAN-CLAUDE
Dis, Philippe, franchement comment tu me trouves ?

PHILIPPE
L'écartant – Trop souvent sur mon chemin !

JEAN-CLAUDE
Non, mais, sérieux, je te parle de ma gueule.

PHILIPPE
Ben, grise, terne, ridée, boursouflée et pochée comme d'hab.

JEAN-CLAUDE
T'as raison ! Y a pas, je fais mon âge !

PHILIPPE
Ben, qu'est-ce qui t'arrive, c'est la crise de la quarantaine ?

JEAN-CLAUDE
Ben non, mais hier y a une cliente qui m'a demandé si mes enfants étaient à l'université ! T'y crois ça, une conne pareille !

PHILIPPE
Tes gosses à l'université ? La conne ! Quand on connaît leur niveau scolaire...

JEAN-CLAUDE
Mais non, crétin ! Ça veut dire qu'elle m'a trouvé une gueule à avoir des mômes de vingt ans !

PHILIPPE
Qu'est-ce tu veux ! L'âge, l'alcool, le tabac, l'alcool... Ça fait des ravages. T'as qu'à prendre soin de ta peau aussi ! Les crèmes, c'est pas fait que pour les chiennes ! Y a des produits de beauté super pour les hommes, maintenant.

JEAN-CLAUDE
Produits de beauté ! Tu veux pas que je me maquille non plus.
Se regardant dans le reflet de la machine – Merde, faut pas que je m'énerve, ça me fait des rides !

Les deux mêmes.

PHILIPPE
Les Redford et les Newman, comment tu crois qu'ils se la travaillent, leur gueule de vieux beaux ? C'est les soins esthétiques, les petites crèmes de jour, les contours de l'œil, les masques de beauté, etc.

JEAN-CLAUDE
Arrête, tu me vois, moi, Jean-Claude, avec des rondelles de concombre sur la gueule ?

PHILIPPE
Ça te ferait pas de mal. Mais moi, à ta place, je commencerais par un petit gommage, puis un masque clarifiant et pour finir un raffermissement du contour de l'œil.
Il sort des produits de son sac – J'ai tout sous la main si tu veux.

JEAN-CLAUDE
Affolé – Planque ça ! Tu veux pas que les gonzesses me prennent pour une fiotte ?

PHILIPPE
Détrompe-toi ! Les femmes aiment les hommes qui prennent soin d'eux !

JEAN-CLAUDE
Dubitatif – Oh, tu déconnes ?

PHILIPPE
Pas du tout ! Elles apprécient les mecs qui assument la part de féminité qui est en eux. Et puis elles ont l'impression de découvrir l'homme fragile caché sous la brute. Ça les émeut, cette petite faiblesse, ça réveille leur instinct protecteur.

JEAN-CLAUDE
Intéressé – Ah, ouais... ***Il plonge la main dans le sac de Philippe et pique une poignée de produits qu'il met dans sa poche*** – Donne-moi ça... pour réveiller l'instinct de la Nancy !

PHILIPPE
Mais arrête, Jean-Claude, c'est mes trucs, c'est cher...

JEAN-CLAUDE
Le menaçant du poing – Oh, du calme ! Va pas réveiller la brute cachée sous l'homme fragile !

Jean-Claude s'applique une crème, guettant du coin de l'œil Nancy qui arrive.

NANCY
Ben alors, Jean-Claude, on s'admire ?

JEAN-CLAUDE
Vous savez, Nancy, un homme doit prendre soin de son capital beauté.

NANCY
Sciée – Alors là, vous m'étonnez, Jean-Claude ! J'aurais jamais cru entendre ça de votre part.

JEAN-CLAUDE
Parce que vous n'avez jamais découvert l'homme fragile qui se cache sous la brute.

NANCY
Mais c'est un nouveau Jean-Claude qui s'annonce, dites donc !

JEAN-CLAUDE
Eh oui Nancy ! Ma vie va changer. J'ai décidé d'assumer... la part... enfin la petite part... de femmelette qui est en moi.
Il sort les tubes de Philippe de sa poche – Philippe m'a d'ailleurs conseillé quelques produits.

Nancy en prend un, en lit la notice et le lui rend en faisant une drôle de tête.

NANCY
Philippe ? Ah oui. ***Lui désignant un endroit de son visage et sur le ton de la confidence gênée*** – Vous en avez encore un peu, là... Me racontez quand même pas tout. Il y a des choses que je préfère ne pas savoir du nouveau Jean-Claude.

Comme elle s'en va, Jean-Claude déchiffre ce qu'il y a d'écrit sur le tube.

JEAN-CLAUDE
Vase... vaseline ?

ÉPILOGUE

Philippe est à la machine. Nancy le rejoint, un peu gênée.

NANCY
Dites, Philippe, Jean-Claude, il m'a montré une crème... il... euh...

PHILIPPE
Il change, eh oui ! Et c'est un peu grâce à moi. Oh, il y va encore un peu à reculons mais quand il verra ce qu'on peut faire avec un peu de crème, ça ira tout seul.

Nancy fait une drôle de tête.

PACEMAKER

Auteur : Frédéric LE BOLLOC'H

Personnages
Annie
Hervé
Jean-Claude
Maéva

Pitch
Hervé apprend qu'Annie a un pacemaker. En revanche, Jean-Claude ne le sait pas.

PROLOGUE

HERVÉ
Tu vois, Jean-Claude, moi, ce que je regarde en premier chez une femme, c'est les yeux… parce que les yeux, c'est les fenêtres de l'âââme… C'est beau, hein ?

JEAN-CLAUDE
Ben moi, c'est les nichons… parce qu'avant d'ouvrir tes fenêtres à la noix je regarde d'abord s'il y a du monde au balcon, ah, ah… t'en veux ?

Ils rient.

HERVÉ
Bon, allez, faut qu'on aille bosser…

JEAN-CLAUDE
Ah, derche !

HERVÉ
Avant-derche !

Hervé est à la machine en compagnie d'Annie.

HERVÉ
Mais je savais pas, Annie, que vous étiez fragile du cœur. Et nous qui vous sollicitons à tout bout de champ pour un oui pour un non… J'en aurais presque des remords…

ANNIE
Oh, mais je me sens très bien, monsieur Hervé, vous inquiétez pas.
Elle sort une carte de son sac – Regardez, c'est ma carte de membre…

HERVÉ
Chouette ! Vous faites partie d'un club ?

ANNIE
Non, c'est juste pour que les secours soient au courant, en cas de malaise… et puis aussi, pour les aéroports…

HERVÉ
Les aéroports ?

ANNIE
Ben oui… parce que, moi, quand je passe au point de contrôle, dring ! Je sonne… à cause de ma pile, ah, ah…

HERVÉ
Ah, ah… mais, elle est placée où votre pile bionique ?

ANNIE
Sous mon sein droit. ***Prenant la main de Hervé*** – Tenez, touchez…

HERVÉ
Retirant sa main – Non, non, c'est bon… et ça marche tout le temps votre bidule ?

ANNIE
Ah, bah, c'est inusable, vous savez… même après ma mort, elle marchera encore, ma pile !

Jean-Claude sort des toilettes et s'avance à pas de loup derrière eux.

JEAN-CLAUDE
Blagueur, hurlant – On parle de moi, là !

Où l'on retrouve Hervé, Jean-Claude et une Annie à l'agonie.

HERVÉ
T'es con ou quoi, Jean-Claude ! Elle va nous claquer dans les doigts. Pauvre Annie, faut faire quelque chose…

JEAN-CLAUDE
Soutenant Annie tant bien que mal – Mais je savais pas, moi, qu'elle marchait avec des piles, Annie !

HERVÉ
Ça s'appelle un pacemaker, Jean-Claude !

JEAN-CLAUDE
Elle veut dire quelque chose. Écoute, écoute. Qu'est-ce qu'elle veut dire, Wonder Woman ?

Hervé tend l'oreille. Annie marmonne de façon inaudible.

HERVÉ
Il faut lui masser le sein droit au niveau du cœur… faut lui enlever le sous-tif… vas-y, t'es un expert, toi !

JEAN-CLAUDE
Attends, attends… les minettes, je dis pas… mais les dames d'un âge certain, c'est pas ma partie. ***De mauvaise foi*** – Et puis, va savoir où ça se niche, toi, un pectoral d'Annie !

HERVÉ
Bah, je sais pas, comme tout le monde… y en a partout des pecs… en dessous, là, t'es bien…

Annie pousse un cri strident qui fait paniquer Hervé et Jean-Claude.

Où l'on retrouve Hervé devant les toilettes, faisant les cent pas.

HERVÉ
Mais enfin, c'est pas possible, qu'est-ce qu'il fait ? Ça fait vingt minutes qu'il est là-dedans…

Annie et Jean-Claude sortent des toilettes.

ANNIE
Revigorée en reboutonnant son chemisier – Merci, monsieur Jean-Claude, vous m'avez sauvé la vie…

JEAN-CLAUDE
La repoussant – Bon ben, ça va, Annie ! N'allez pas vous faire des idées non plus…

HERVÉ
Ça va mieux, Annie ? ***Annie est en extase*** – Alors, Jean-Claude, t'as gagné tes galons de secouriste ?

JEAN-CLAUDE
Visage décomposé – Café…

HERVÉ
Oui, bien sûr, tout de suite… (***Annie retourne aux toilettes.***) Alors, elle est chaude ou quoi, Annie ?

JEAN-CLAUDE
Enfin, dis donc ! Hervé !

HERVÉ
Oh dis, pas à moi, hein ! alors ?

ANNIE
Coquine en sortant des toilettes – Monsieur Jean-Claude ! J'ai oublié de remettre mon soutien-gorge… c'est pas vous qui l'auriez, par hasard ?

JEAN-CLAUDE
Ça alors… non, je ne vois pas…

HERVÉ
Tirant de la poche de Jean-Claude un soutien-gorge très, très gros bonnets – Ça serait pas ça, par hasard, ah, ah ?

JEAN-CLAUDE
Mais non, c'est pas ça !

HERVÉ
Mais si, c'est ça !

ANNIE
Si, si…

HERVÉ
Hé, dis donc, y a du monde au balcon, comme t'aimes hein ! Je pense à un truc, là, regarde ! ***Hervé pose le soutien-gorge sur sa tête ainsi que sur celle de Jean-Claude avec chacun un bonnet sur la tête*** – Oh, on dirait les sœurs Ouedec !

Hervé et Jean-Claude entonnent un petit chant bretonnant. Annie rit de bon cœur, Jean-Claude, pas du tout.

ÉPILOGUE

MAÉVA
Moi, j'aimerais bien qu'on me touche les seins. J'espère que ça arrivera avant qu'on me pose un pacemaker tout de même… sauf votre respect…

ANNIE
Ah, mais j'ai pas de pacemaker non plus… j'ai juste emprunté la carte de ma tante…

MAÉVA
Sciée – Ah bon !

ANNIE
Coquine – C'est l'occasion qui fait le larron, ah, ah… vous ne le répétez pas, hein… c'est un secret…

MAÉVA
Pensez-vous. ***En partant, à la cantonade*** – Hé, les filles, j'ai un secret à vous diiiiiiire !

LE PARKING

Auteurs : Hervé et Laurent NICOURT

Personnages

André
Jean-Claude
Juju
Nancy
Sylvain

Pitch

Nancy s'est fait attaquer dans le parking. Heureusement, Jean-Claude était là !

PROLOGUE

Nancy, Juju et Jean-Claude à la machine.

NANCY
Je suis vraiment pas rassurée quand je vais chercher ma voiture dans le parking ! C'est désert, c'est sombre. En plus, je suis toute seule...

JEAN-CLAUDE
Ah, mais, Nancy, si vous voulez, je vous accompagne jusqu'à votre voiture, moi, le soir !

NANCY
Vous feriez ça ? C'est gentil, Jean-Claude ! Alors d'accord, on se retrouve ici tous les soirs, à 19 heures !

JEAN-CLAUDE
Embêté – 19 heures ? Parce que, moi, c'est plutôt 18 heures...

NANCY
Hypocrite – Ah bon ! Ben je demanderai à Hervé, alors !

JEAN-CLAUDE
Non, non, ce qui est dit est dit ! Tous les soirs, 19 heures !
Il s'en va tout content.

JUJU
Dubitative – Vous avez vraiment si peur que ça ?

NANCY
Non, non, mais en période d'inventaire, j'ai surtout envie que Jean-Claude travaille une heure de plus !

Juju est à la machine. Nancy arrive par l'ascenseur, soutenant Jean-Claude qui a une tête au carré.

NANCY
Allez, un petit effort. Voilà, on est arrivés.

JUJU
Qu'est-ce qui s'est passé ?

NANCY
Je me suis fait agresser dans le parking ! Un type avec une cagoule a essayé de me voler mon sac à main.

JUJU
Et Jean-Claude ?

JEAN-CLAUDE
Ben j'ai couru derrière, ça été violent, tu me connais, je suis un cogneur…

NANCY
Ironique – N'exagérons rien, Jean-Claude ! Si je ne m'étais pas interposée, il vous aurait massacré.

JUJU
Vous voulez que j'appelle les flics ?

JEAN-CLAUDE
Non, surtout pas, j'en fais une affaire personnelle. Je vais régler ça entre hommes, tu vas voir… il va chier ses dents, ce fumier !

NANCY
Ironique – Attention, Jean-Claude, je ne serai pas toujours là pour vous sauver la mise !

JEAN-CLAUDE
Charriez pas, Nancy, je vous ai quand même sauvé votre sac à main !

NANCY
Moqueuse – En quelque sorte ! ***À Juju*** – Disons que le voleur l'a posé pour mieux taper sur Jean-Claude. Et j'en ai profité pour le récupérer.

Jean-Claude à la machine qui regarde ses bleus, arrive André par l'ascenseur.

JEAN-CLAUDE
Putain, le con. ***À André avec une fureur contenue*** – Mais t'es malade ! On avait dit qu'on faisait semblant de se battre et que tu te tirais en courant en me laissant le sac ! Pas que tu me détruisais la gueule !

ANDRÉ
Excuse-moi, un réflexe malheureux. Mais, aussi, fallait pas me traiter d'enculé de voleur, j'ai vu rouge.

JEAN-CLAUDE
J'allais pas te courir après en te traitant de vilain galopin, non plus ! C'est réussi, en tout cas ! Je monte tout un scénario pour passer pour un héros auprès de Nancy et, résultat, je passe pour un tocard.

ANDRÉ
C'est ce que tu es, non ? Tiens, Superman, reprends ta cagoule !

JEAN-CLAUDE
Hé, tu vas pas m'entuber comme ça, tu me rends aussi le pognon que je t'ai filé !

ANDRÉ
Agitant les deux mains, menaçant – Et avec la cagoule, tu veux une paire de moufles pour te fignoler la gueule !

JEAN-CLAUDE
Geignard – Ben, la moitié, alors !

ANDRÉ
Agitant une seule main – Une moufle ?

Jean-Claude et Sylvain. Jean-Claude fait le super-flatteur.

JEAN-CLAUDE
Y a qu'à toi que je peux demander ça, Sylvain. Les autres, c'est des dégonflés. Toi, je sais que, derrière ton côté calme, tu caches un rebelle qui recherche le grand frisson !

SYLVAIN
C'est vrai que j'aurais pu être un voyou, moi, si j'avais voulu. Ma mère me le disait toujours quand je gardais la monnaie du pain !

JEAN-CLAUDE
Alors, c'est tout simple. T'attends derrière la porte, tu chopes son sac, tu te tires en courant, je te cavale après. Dès qu'on est hors de vue, tu me rends le sac et je passe pour un héros !

SYLVAIN
Mais deux agressions dans la journée, tu crois pas que Nancy va se douter de quelque chose ?

JEAN-CLAUDE
Au contraire, c'est la loi des séries. Et avec cette cagoule et la combinaison de peintre qu'est dans mon coffre, même ta mère te reconnaîtrait pas !

SYLVAIN
T'es sûr hein ? *Sylvain essaie la cagoule* – Mais on voit rien avec ta cagoule !

JEAN-CLAUDE
Pas grave, à cette heure y aura que nous ! Dès que tu nous entends, tu fonces et basta !

SYLVAIN
Mais tu fais gaffe, Jean-Claude ! Parce que j'ai des nouvelles lunettes !

JEAN-CLAUDE
T'inquiète ! À 19 heures pile, hein, brother ! ***Ils se tapent dans les mains et Sylvain part en roulant des mécaniques. Jean-Claude à lui même*** – Me fait marrer, lui, avec ses nouvelles lunettes ! Faut quand même que je montre à Nancy ce que c'est qu'un vrai cogneur !

ÉPILOGUE

Jean-Claude à la machine avec son manteau, arrive Nancy habillée aussi.

JEAN-CLAUDE
Bon, on y va, Nancy ?

NANCY
Merci, Jean-Claude, mais je préfère me débrouiller sans vous !

JEAN-CLAUDE
Attendez, Nancy, j'ai été pris par surprise, mais ça se reproduira pas ! Imaginez qu'il soit revenu !

NANCY
Justement ! Vu votre prestation. (***André arrive.***) Ah le voilà ! J'ai demandé à André de m'accompagner !

Ils s'en vont, laissant Jean-Claude.

JEAN-CLAUDE
Oh putain, Sylvain ! Ben là, c'est sûr, sa mère, elle va plus le reconnaître !

LA PÉTITION

Auteur : Frédéric LE BOLLOC'H

Personnages

Hervé
Jean-Claude
Przybyszewski (Tom Novembre)

Pitch

L'ennemi juré de Jean-Claude, M. Przybyszewski, vient solliciter Hervé et Jean-Claude pour signer une pétition tendancieuse...

PROLOGUE

HERVÉ
Moi, les mecs racistes, ça me fait gerber...

JEAN-CLAUDE
En fait, quand on y songe, on est tous des émigrés...

HERVÉ
Mais bien sûr! Avec toutes les invasions que la France a connues, on a tous du sang étranger qui coule dans nos veines. C'est obligé!

JEAN-CLAUDE
Sûr! ***En se tournant vers Hervé*** – Regarde-moi, un peu. ***Le scrutant*** – Toi, t'as sûrement des origines méditerranéennes, je me trompe?

HERVÉ
Boh, pas du tout! Je descends du Viking! Grand, blond... yeux bleus... genre norvégien, quoi!

JEAN-CLAUDE
Pas convaincu – Dis donc, il se serait pas paumé en route, ton Viking? Il aurait pas fait un petit crochet par Lisbonne, parce que t'as le gabarit plutôt maçon, carreleur... court sur pattes, ah, ah...

HERVÉ
C'est bon, sois pas lourd. En tout cas, toi, t'es pas du sang-mêlé... bon Français!

JEAN-CLAUDE
Ben ouais, comme tout le monde!

Hervé est en compagnie de M. Przybyszewski, venu pétitionner.

HERVÉ
Désagréable – Qu'est-ce que c'est?

PRZYBYSZEWSKI
Une pétition destinée à notre cher maire...

HERVÉ
J'ai pas voté pour lui... c'est un con...

PRZYBYSZEWSKI
Moi, si...

HERVÉ
Ça m'étonne pas. ***Désignant du menton la pétition*** – Bon, alors, c'est pourquoi ?

PRZYBYSZEWSKI
C'est pour les romanichels… ou plutôt contre, ah, ah… contre leur présence sur la zone industrielle, je veux dire. Il faut que ces rastaquouères déguerpissent au plus vite d'ici. Ils font tache, vous comprenez !

HERVÉ
Quelle honte !

PRZYBYSZEWSKI
Tout à fait, ce campement de Gitans est une honte pour notre municipalité.

HERVÉ
C'est infect !

PRZYBYSZEWSKI
Je ne vous le fais pas dire… à deux pas de notre lieu de travail. En plus, on va finir par attraper des maladies. Vous signez ?
Mielleux – Je ne vous cache pas que votre signature me serait précieuse… avoir la signature d'un délégué syndical, c'est inappréciable, ah, ah…

HERVÉ
Jean-Claude ! ***Plus fort en le regardant*** – Jean-Claude !

JEAN-CLAUDE
Déboulant d'un couloir – On parle de moi, là !

JEAN-CLAUDE
Alors, on embête mon collègue… je vous suffis plus, faut que vous veniez emmerder mon ami, maintenant !

HERVÉ
Tu sais ce que M. Prête-mes-skis ose me demander, Jean-Claude ? À moi… moi, l'humaniste, l'homme de cœur, l'écorché vif…

JEAN-CLAUDE
Le carreleur !

HERVÉ
Ta gueule, Jean-Claude…

PRZYBYSZEWSKi
Pas bien dans ses pompes – Ce n'est qu'une signature...

HERVÉ
Ordure !

JEAN-CLAUDE
S'emparant de la pétition – Qu'est-ce qu'il veut te faire signer, Chie-en-ski ?
Il parcourt la pétition.

HERVÉ
Une infamie ! Mais, tu vois, mon petit père, t'es mal tombé avec nous ! Jean-Claude et moi, jamais on signera ce torchon, jamais ! Parce que nous, on est pour le rapprochement des peuples. On est au pays des droits de l'homme, ici !

PRZYBYSZEWSKI
Mais j'entends bien... Moi-même qui suis d'origine polonaise, je suis reconnaissant à la nation française pour son accueil, sa liberté de culte. Seulement moi, je paye mes impôts ! Pas comme cette bande de Gitans analphabètes qui polluent notre atmosphère.

HERVÉ
Atmosphère, atmosphère ! Je t'en collerai de l'atmosphère... atmosphère... Je vais te percer l'ozone !

PRZYBYSZEWSKI
Répétez un peu pour voir !

JEAN-CLAUDE
Les interrompant – Je suis désolé, Hervé mais... je dois reconnaître pour une fois que M. Przsew...

PRZYBYSZEWSKI
Przybyszewski...

JEAN-CLAUDE
Que M. Kiki a raison. Les gens du voyage, je suis pas contre.
Je me sens proche d'eux, même. Mes premières vacances, je les ai passées en caravane. Depuis, j'ai opté pour le camping-car, question de standing ! Mais, bon, c'est vrai que... depuis qu'ils se sont installés sur la zone industrielle, les romanos, ça jase !

PRZYBYSZEWSKI
Lui tendant un stylo, mielleux – Vous signez ?

HERVÉ
Furax – Je te préviens, Jean-Claude, si tu signes cette pétition gestapiste, je te parle plus !

JEAN-CLAUDE
Oh, dis, hé, arrête un peu ton cirque de démago. C'est pour leur bien, aussi, que je signe. La zone industrielle, c'est pas un endroit décent pour camper...

PRZYBYSZEWSKI
Vous avez raison, monsieur Convenant, signez. *Fielleux* – L'honnête citoyen a le devoir de se dresser contre le vol, le racket, la traite des Blanches que pourraient engendrer ces voleurs de poules, ah, ah !

JEAN-CLAUDE
Faut pas exagérer, non plus...

PRZYBYSZEWSKI
Ils veulent ma peau, je vous dis... Tout ça parce que j'ai osé leur demander si un de leurs morveux n'avait pas dérobé le tricycle que je destinais à ma future progéniture. C'est inacceptable, non ? De toute façon, si cette pétition n'aboutit pas, je quitte cette ville et je cherche du travail ailleurs...

JEAN-CLAUDE
Ah bon ? Vous êtes sérieux ?

PRZYBYSZEWSKI
Oh oui, parole de Polonais !

JEAN-CLAUDE
T'entends ça, Hervé ! L'asperge de la toundra, il est à deux doigts de faire ses valises. *En déchirant la pétition* – Je signe pas !

PRZYBYSZEWSKI
Mais qu'est-ce que vous faites ?

JEAN-CLAUDE
Dégage ! (*Przybyszewski s'en va.)*
À Hervé – Si c'est pas malheureux de jeter l'eau propre sur une minorité qui abrite en son sein des gens aussi exemplaires que Ladislas De Oyos !

HERVÉ
Ouais, ouais, c'est ça... dis que ça t'arrange plutôt. Ça fait des mois que tu le harcèles, le polack, pour le faire craquer, sans résultats, et là, grâce à eux, il va peut-être se tailler, c'est tout bénef pour ta gueule !

JEAN-CLAUDE
Chapeau, les manouches ! ***Il danse*** – « Djobi, djoba ! »

ÉPILOGUE

HERVÉ
Ils ont fini par se faire expulser les Roms…

JEAN-CLAUDE
Ouais, et la grande nouille polonaise est encore parmi nous…

HERVÉ
Ouais, ils ont eu raison de lui cramer sa bagnole à cette crapule, avant de partir…

JEAN-CLAUDE
Ouais, juste que c'est pas eux, c'est moi ! Hé, c'est pas une petite ligne supplémentaire sur leur casier judiciaire qui va les embêter, les romanos, hein !

HERVÉ
En partant – T'es vraiment une crapule !

JEAN-CLAUDE
Oh, ça va, dis… « Djobi, djoba, lailaillail ! »

LE MEILLEUR AMI DE JEAN-CLAUDE

Auteurs : Hervé et Laurent NICOURT

Personnages

Hervé
Jean-Claude
Juju

Pitch

Jean-Claude a ramené un chien de sa tournée et veut le garder au bureau. Et, bien sûr, ça pose des problèmes, surtout que Jean-Claude adore ce chien. Mais...

PROLOGUE

Hervé et Jean-Claude. Jean-Claude a un chien en laisse.

HERVÉ
Et tu l'as ramassé, comme ça, ce clebs ?

JEAN-CLAUDE
Ben ouais, il me regardait avec ses grands yeux de chien abandonné, alors je l'ai fait monter dans la voiture.

HERVÉ
Et il t'a pas quitté de toute ta tournée ?

JEAN-CLAUDE
Évidemment. Nourri, logé, réconforté. Qu'est-ce que tu veux, moi, la misère ça m'émouvoit.

HERVÉ
Enfin, excuse-moi, mais dans la rue je t'ai jamais vu filer quoi que ce soit à un miséreux qui demandait quelque chose !

JEAN-CLAUDE
Justement, lui, il m'a rien demandé. Trop fier pour ça, c'est ça qui m'a plu... hein, le petit pépère !

Hervé à la machine. Il met une pièce et, surpris, regarde à ses pieds puis sursaute.

HERVÉ
Oh, non, merde ! ***Il hurle*** – Jean-Claude ! Jean-Claude !

Jean-Claude arrive, accompagné du chien.

JEAN-CLAUDE
Qu'est-ce que t'as à crier comme un putois qu'on égorge ?

HERVÉ
Ton clebs a encore chié ici et j'ai marché dedans !

JEAN-CLAUDE
Rigolard – Pied droit ou pied gauche ?

HERVÉ
Arrête, ça peut plus durer, Jean-Claude ! Depuis que tu as ramené ce chien de ta tournée, c'est la quatrième fois !

JEAN-CLAUDE
Attends, y a du progrès ! Avant, il chiait n'importe où, maintenant il se rapproche des chiottes. Dans une semaine, je te parie qu'il fera dedans !

HERVÉ
C'est ça, et il tirera la chasse après s'être torché le cul ! Non, sans blague, Jean-Claude, un clebs, ça a rien à foutre dans un bureau !

JEAN-CLAUDE
Primo, il s'appelle Johnny ! Et deumo, il est très utile ici. Déjà, quand je fais une sieste dans mon bureau, il me prévient si Jean-Guy arrive !

Juju arrive à ce moment.

HERVÉ
Mais c'est pas une vie pour ce clebs, enfin, pour Johnny ! Tiens, explique-lui, toi, Juju, que c'est un malade.
Il va vers les toilettes laver sa chaussure.

JUJU
Hé, je suis standardiste, pas vétérinaire !

HERVÉ
Je te parle de Jean-Claude, pas du clebs.

JUJU
Moi aussi. ***À Jean-Claude qui la regarde méchamment*** – Mais non, je déconne !

Jean-Claude et Juju.

JEAN-CLAUDE
Vous pouvez pas comprendre, vous, ce que c'est que la solitude du VRP. Tout seul dans la voiture avec « Rire et chansons » ! Avec Johnny, c'est fini ça. On se parle. Lui, il me comprend. Et, au moins, il m'écoute.

JUJU
C'est normal, Jean-Claude, on n'a encore jamais vu un chien couper la parole !

JEAN-CLAUDE
Y a pas que ça, tu sais, on s'est vraiment trouvés. C'est comme le frère que je n'ai jamais eu. On a les mêmes centres d'intérêt : la bouffe, le cul... En plus, on a les mêmes goûts.

JUJU
Tu t'es mis aux croquettes ?

JEAN-CLAUDE
Charrie pas ! Je vais même te dire, quand j'ai des envies de... tendresse... physique, eh bien, c'est vers lui que je me tourne.

JUJU
Horrifiée – Oh Jean-Claude !

JEAN-CLAUDE
Mais non, va pas imaginer des choses ! Je veux dire que, par exemple, si je dois me trouver une petite collègue, de parking si tu veux, ben, c'est lui qui me la choisit ! Parce que les bêtes, elles sentent des choses que nous, les humains, on sent plus...

JUJU
Surtout avec des tapins de parking ! Je comprends bien, mais si tu l'aimes tant que ça, pense à lui. Que tu l'emmènes en tournée, c'est super, mais au bureau, il va déprimer.

JEAN-CLAUDE
Mais pas du tout, je lui ai appris plein de trucs pour s'occuper ! Regarde : Johnny, on va mordre Sylvain ? Allez, hop. ***Il file avec le chien*** – Gauche... non gauche, Johnny ! Putain, il est con ce chien...

JUJU
À mon avis, faut en faire piquer un, mais je sais pas lequel !

Hervé a son manteau (on sent que du temps s'est écoulé). Jean-Claude arrive par l'ascenseur, abattu.

HERVÉ
Tiens, voilà le pépère à son toutou ! Et oukilé le chien-chien ?

JEAN-CLAUDE
Je suis déçu, Hervé, tu peux pas savoir... Johnny m'a trahi !

HERVÉ
Il t'a quitté pour une femme ? Enfin, une chienne, je veux dire ?

JEAN-CLAUDE
Pire, pour un chien.

HERVÉ
Vas-y, raconte.

JEAN-CLAUDE
Je l'ai emmené se détendre dans le parking, avec le chien du vigile. Et, à un moment, je croyais qu'ils jouaient. Ben non, ils étaient en train de se... *Il mime l'acte sexuel* – Et Johnny était en dessous !

HERVÉ
Mais c'est un truc normal, chez les chiens !

JEAN-CLAUDE
Pas chez les chiens Convenant, ça s'est jamais vu ! Et, en plus, il aimait ça, il poussait des petits cris, j'avais honte. J'ai aimé un PD, Hervé !

HERVÉ
Tant que vous avez pas consommé l'union, y a rien d'irrémédiable !

JEAN-CLAUDE
Quand je pense que je prenais des douches devant lui ! Il a bien dû se rincer l'œil, le petit salaud !

ÉPILOGUE

Hervé et Jean-Claude. Jean-Claude a un poisson multicolore qui nage dans une poche plastique.

JEAN-CLAUDE
Regarde, c'est mon nouveau pote. Je vais l'accrocher sous le rétroviseur. T'as vu toutes ces couleurs ? C'est un jeune mâle, qu'il m'a dit, le vendeur.

HERVÉ
Ah, c'est cool, c'est un Piscilus indien. Je crois que c'est ces poissons qui choisissent leur sexe définitif en fonction de la température de l'eau. Quand l'eau se réchauffe, ils virent femelles et, au froid, ils deviennent mâles. (***Jean-Claude ramasse le sac et s'en va***.) Ben, où tu vas ?

JEAN-CLAUDE
Le foutre au frigidaire et, crois-moi, il sortira pas avant d'être décidé.

L'ESPRIT DE NOËL

Auteurs : Hervé et Laurent NICOURT

Personnages

Hervé
Jean-Claude
Juju
Maéva
Sylvain

Pitch

Certains employés se font un petit Noël entre amis et s'offrent des cadeaux en les tirant au sort. Une jolie fête bien dans l'esprit de Noël sauf qu'avec des employés pareils, les grands sentiments ne le restent pas longtemps !

PROLOGUE

Hervé et Jean-Claude.

JEAN-CLAUDE
Qu'est-ce qui te ferait vraiment plaisir pour Noël ?

HERVÉ
Pédant – Vraiment plaisir ? Eh ben, la paix dans le monde, la disparition des inégalités sociales, le recul de la faim dans les continents sous-développés, la prise de conscience de...

JEAN-CLAUDE
Façon « pas à moi ! » – Véver !

HERVÉ
Une paire de jumelles, un lecteur de DVD...

Maéva, Juju, Sylvain, Hervé et Jean-Claude sont à la machine. Sylvain termine de distribuer des paquets cadeaux.

SYLVAIN
Ça, c'est pour toi, et ça, c'est pour toi. Voilà, tout le monde a son cadeau !

HERVÉ
Tu vois, c'est comme ça que devrait être Noël. Là, j'apprécie !

JUJU
Ben, pour une fois que tu craches pas sur les fêtes !

HERVÉ
C'est pas que je sois contre Noël, je suis contre la débauche marchande, l'espèce d'hyper-consommation que c'est devenu.

MAÉVA
Ah, ben, c'est sûr que ça fait un trou dans un budget, surtout pour ceux qu'ont des enfants. Pour eux, y a que les cadeaux qui comptent, surtout si c'est cher !

JEAN-CLAUDE
Pareil avec la famille ! Moi, maintenant, je laisse le prix dessus pour qu'ils voient que je me suis pas foutu de leur gueule.

Ils commencent à déballer leurs cadeaux.

HERVÉ

Attendri – Alors que là, tous ensemble, on a retrouvé les vraies valeurs de Noël. Chacun achète un petit cadeau, on les tire au sort, c'est la surprise, c'est sympa. Ce n'est pas le cadeau qui compte, mais le geste, le fait d'être ensemble, la générosité. ***Il sort un truc du papier*** – C'est quoi, cette merde ?

Les mêmes.

HERVÉ

Essayant de se rattraper – Mais non, c'est pas ça que je voulais dire, c'est vraiment super, j'adore... mais c'est quoi ?

JEAN-CLAUDE

Ben, c'est un truc pour accrocher les clefs, c'est moi qui l'ai acheté !

HERVÉ

Ah ouais ? ***Il regarde avec envie ce que déballe Sylvain*** – Qu'est-ce que t'as eu, Sylvain, un truc pour mettre les photos ? Super, t'as du pot, toi !

JEAN-CLAUDE

Énervé – Dis-le franchement s'il te plaît pas, mon cadeau ?

HERVÉ

Mais si, mais si, enfin, bon, je dis juste que t'aurais pu faire un effort, voilà, c'est tout !

JEAN-CLAUDE

Oh, l'autre, hé, je serais curieux de savoir quelle merde t'as achetée, toi ?

HERVÉ

S'énervant à son tour – Mais le prends pas comme ça ! D'abord, j'ai pas dit que c'était une merde, ton truc, mais... c'est vachement moins bien que le cadeau que j'ai fait, moi.

MAÉVA

Montrant une boule neigeuse – Attends, si tu veux pas du tien, moi, je veux bien échanger contre le mien.

HERVÉ

Tu me prends pour un pigeon ? Le tien, ça vaut vraiment que dalle. Je sais pas qui a acheté ça, mais il s'est vraiment pas fait chier !

JUJU

C'est moi ! Mais moi, au moins, je l'ai acheté ! Pas comme ton cadeau !

Elle montre un agenda – Y a que toi pour offrir un agenda donné par un fournisseur… et de 2002 en plus !

HERVÉ
Et alors, tu rayes la date ! De toute façon, t'as pas besoin de prendre de rendez-vous pour répondre au standard, alors fais pas chier !

SYLVAIN
S'interposant – Mais c'est pas vrai ! On peut pas, pour une fois, essayer de faire un truc sans s'engueuler ? C'est Noël, c'est la paix, l'amour, la générosité. Les cadeaux, c'est symbolique !

JEAN-CLAUDE
Sylvain a raison, Hervé ! ***Devant le regard furibond d'Hervé*** – Il est con, mais il a raison !

Les mêmes autour d'Hervé qui fait des comptes sur un papier.

HERVÉ
Alors toi, Jean-Claude, tu files ton cadeau à Juju qui file le sien à Sylvain qui l'échange contre…

SYLVAIN
Mais moi je voulais le garder, le mien !

HERVÉ
Ah non, ça fout tout en l'air ! Donc, toi, tu le donnes à Jean-Claude qui te refile en plus 20 euros pour que ce soit équitable. Maintenant, les 20 euros, Jean-Claude !

JEAN-CLAUDE
J'ai pas d'argent sur moi.

HERVÉ
File-lui des tickets-restau ! Maéva et moi, on échange, et, toi, tu me donnes 15 euros pour faire le compte.

MAÉVA
Oui, mais tu me devais 12 euros pour le repas d'hier !

HERVÉ
OK, alors donne-moi seulement 3 euros !

MAÉVA
Tiens, voilà 2,50 euros, c'est tout ce que j'ai sur moi !

HERVÉ
Tu me dois 50 centimes, t'oublies pas, hein ?

JUJU
Tiens, je te les donne, moi, parce que j'en devais 5 à Maéva. Je lui en devrai plus que 4,50, comme ça !

HERVÉ
OK. Ben voilà ! Comme ça, tout le monde est content !

SYLVAIN
Et on a retrouvé l'esprit de Noël...

JEAN-CLAUDE
Le bonheur...

MAÉVA
L'amitié...

HERVÉ
La générosité...

Ils se regardent tous sans y croire dans un grand silence gêné.

ÉPILOGUE

Hervé à la machine, arrive Sylvain.

SYLVAIN
Hé, Hervé, dans l'agenda que t'as offert, y a tout le mois de janvier qu'est déjà rempli !

HERVÉ
C'est parce que j'avais commencé à l'utiliser avant de recevoir celui de Digitex qu'est vachement mieux.

SYLVAIN
Ben oui, mais, moi, je peux pas me servir du mois de janvier, y a plus de place !

HERVÉ
Mais tu t'en fous du mois de janvier, t'en as plus besoin puisqu'on est en décembre ! C'est pour ça que je te l'ai offert ! T'imagines bien que je t'aurais pas filé un truc déjà utilisé, si ça posait un problème ! Réfléchis un peu avant de râler !
Hervé s'en va, laissant Sylvain dubitatif.

LE GRAND SAUT

Auteur : Frédéric LE BOLLOC'H

Personnages
Guest (Michel Vuillemoz)
Hervé
Jean-Claude

Pitch
Un journaliste vient couvrir le suicide d'une employée. Jean-Claude et Hervé se font un plaisir d'être interviewés.

PROLOGUE

Hervé et Jean-Claude avec une caméra.

JEAN-CLAUDE
La caméra à la main – C'est dingue, hein, la technologie ! Bourrée de cristaux liquides…

HERVÉ
Dans un an, elle est dépassée, ta camelote.

JEAN-CLAUDE
D'ici là, elle sera largement amortie, t'inquiète pas, je vais vendre mes images au 20 heures.

HERVÉ
Ah, ben, parce que tu crois que tes vacances sordides, ça va intéresser les gens de la télé ?

JEAN-CLAUDE
Mes films de vacances, non. Mais un bon fait divers, ça ouais… Ça fait deux week-ends que je filme non stop. Je me suis installé sur le pont qu'enjambe l'autoroute en bas de chez moi. Y a bien un con qui va finir par se scratcher. Et là, hop, direct au 20 heures !

HERVÉ
Attends, Jean-Claude. Le grand con en survêt' fluo qui jetait les graviers sur le pont de l'A 26, c'était toi ? J'en ai reçu sur mon pare-brise…

JEAN-CLAUDE
Attends, t'emballe pas, c'était pas du gravier, c'était de la litière pour chat…

Un journaliste de la presse locale interroge Jean-Claude et Hervé sur ce qui s'est passé quelques heures auparavant, un suicide…

HERVÉ
Sale histoire…

GUEST
Vous connaissez la personne qui a fait ce geste irréparable ?

HERVÉ
Non.

JEAN-CLAUDE
Oh, vous savez, à cette vitesse-là, c'est difficile de mettre un nom sur un visage, ah, ah…

HERVÉ
Oh, ça va, Jean-Claude ! On fait pas d'humour avec quelqu'un qui vient de sauter du haut de l'immeuble. Un suicidé, c'est grave quand même.

GUEST
Une suicidée.

HERVÉ
Oh non, une femme ?

GUEST
On a retrouvé son sac à main à côté d'elle. Une femme ne saute jamais sans son sac à main.

JEAN-CLAUDE
Ça, c'est bon ! Je vais la noter !

GUEST
Bon, vous avez rien vu, quoi…

HERVÉ
On a rien vu… Mais, attendez, vous êtes qui, vous ? Hein ? Vous avez déboulé comme ça, et tout, vous avez pas votre carte de presse… Vous travaillez pour quel journal ?

GUEST
Lui montrant sa carte – Pour l'instant je travaille pour un journal local. C'est sûr qu'on a pas le même tirage qu'un quotidien national, mais enfin… On couvre tout ce qui se passe dans la région, c'est pas rien…

JEAN-CLAUDE
La tentative de record, le week-end dernier, c'est vous ?

GUEST
La plus grosse choucroute du monde ? Non, non, c'est mon collègue de la culture.

HERVÉ
Et vous, vous travaillez pour quelle rubrique ?

GUEST
La rubrique des « chiens écrasés »…

HERVÉ
En l'occurrence, ce serait plutôt les chiennes écrasées, là, ah, ah...

Blanc.

GUEST
Bon, ben, allez-y, qu'est-ce que vous avez à me dire ? Je vous écoute...

JEAN-CLAUDE
Mais vous, vous prenez pas des notes ?

HERVÉ
Puis des photos, pour illustrer, en couverture... Nos deux gueules, et tout...

GUEST
OK, d'accord j'ai compris. Je suis tombé sur deux charlots qu'ont rien à me dire. C'est ça, ouais... Ben, au revoir messieurs, bonne continuation.

Jean-Claude le retient.

JEAN-CLAUDE
Non, mais attendez, on va vous raconter. Mais c'est vrai que... C'est terrible, quoi, ce fait-divers... Cette chute, là, ce cri strident à couper au couteau... C'est...

HERVÉ
Elle est passée devant ma fenêtre sans dire bonjour. Si au moins le toit d'une voiture avait pu amortir le choc, mais non.

JEAN-CLAUDE
Non non, là, elle est tombée pile à l'endroit où y a pas de voitures. À la place réservée aux handicapés, mais nous, on a pas d'handicapés ici.

HERVÉ
Même jeu – Quoique, note, si elle s'en était sortie, elle y aurait eu droit, à cette place. C'est vraiment la faute à pas de chance !

JEAN-CLAUDE
Voilà en gros les détails. Alors ?

GUEST
Alors quoi ?

JEAN-CLAUDE
Ben alors, vous allez nous citer dans l'article...

HERVÉ
Ben oui… Mais attention, hein, surtout n'écorchez pas son nom, c'est Convenant.

JEAN-CLAUDE
Oui !

HERVÉ
Hein, c'est facile à écrire et c'est facile à retenir.

JEAN-CLAUDE
Jean-Claude !

HERVÉ
Voilà, avec un t à la fin.

GUEST
Ah ben, j'aurais bien aimé… Mais, là, je crois que ça va pas être nécessaire. Non, parce que c'est un fait-divers banal, pas très excitant. Non, un suicide dans un milieu professionnel, ça fait pas rêver les gens, ça leur rappelle trop la vie du bureau. Non, ç'aurait été un drame passionnel, moi, j'dis pas. Un drame passionnel, là, j'aurais pu broder mais non non non… Puis, en plus, tout ça, ça m'a pas l'air très sérieux ! Allez salut !
Il s'apprête à partir.

HERVÉ
Salut !

JEAN-CLAUDE
Soudainement – Elle avait un amant !

Le guest revient en sortant son carnet de notes. Jean-Claude continue sur sa lancée et Hervé commence à être énervé par la situation.

JEAN-CLAUDE
Mentant sans vergogne – Parfaitement, un amant ! Eh ouais ! Je les ai surpris une fois dans l'immeuble. On parle bien d'une blonde, la trentaine ?

GUEST
On sait pas bien encore, vous savez, quand on saute de 30 mètres, ça vous change déjà un homme, alors une femme…

JEAN-CLAUDE
Non, mais c'est elle, c'est sûr ! Ils avaient dû se donner rendez-vous sur le toit de l'immeuble…

HERVÉ
Mais arrête, Jean-Claude ! Qu'est-ce qui te permet de parler de la vie privée de cette malheureuse ?

GUEST
À Jean-Claude – Ouais, quoi d'autre ?

JEAN-CLAUDE
Et puis, ça a dû mal tourner. De toute façon, elle voulait le quitter…

HERVÉ
Énervé – Arrête, Jean-Claude !

JEAN-CLAUDE
Ils se sont empoignés ! Et là, y a eu un faux pas ! Et la chute 30 mètres plus bas ! Voilà ! Non mais ça, vous pouvez l'écrire noir sur blanc !

GUEST
Le prenant au mot – C'est du lourd ce que vous me dites là. C'est quoi vos noms, déjà ?

HERVÉ
Flippé – Quoi, quoi, vos noms, vos noms, son nom ! Et puis, il préfère rester anonyme !

JEAN-CLAUDE
Mais pas du tout !

HERVÉ
Mais si, Jean-Claude, tais-toi !

GUEST
Non, mais moi je veux bien, mais la police va me faire chier. Attention, je suis pas une balance, mais, là, c'est très grave. J'ai besoin d'être couvert.

JEAN-CLAUDE
Scié – Quelle police ?

GUEST
Ben quoi, les flics. Va falloir leur parler de cet amant.

JEAN-CLAUDE
Se reniant sans vergogne – Un amant, un amant ! Non mais, quel amant ? On parle bien d'une brune, la cinquantaine ? C'est ça ? Et puis, vous êtes sûr que c'était une femme ? Parce qu'en général, les femmes, elles se suicident aux médicaments… C'est plus doux…

GUEST
Rangeant son carnet de notes, énervé d'y avoir cru – D'accord…

JEAN-CLAUDE
Les mains dans les poches – Et sinon, on peut mettre des petites annonces dans votre journal, là, parce que moi, j'ai des nœuds marins dans ma cave, sous verres, qui viennent de Quimper, ça m'encombre, et j'voudrais bien les vendre. J'peux vous demander au journal, c'est quoi, votre nom ?

GUEST
Ironique et prenant l'autre pour un con – Tintin ! Grand reporter...

JEAN-CLAUDE
Qui gobe – Ah ouais, d'accord, c'est bon...

HERVÉ
Ironique – Tu t'en souviendras ?

JEAN-CLAUDE
Rentrant dans le jeu d'Hervé – Ah, bah oui, Tintin avec deux t..

HERVÉ
Tu sais l'écrire en plus ?

JEAN-CLAUDE
Bah, bien sûr.

HERVÉ
Tu m'étonnes !

ÉPILOGUE

Jean-Claude et Hervé sont devant la machine à café. Hervé lit le journal du coin.

JEAN-CLAUDE
Alors ?

HERVÉ
Attends... Ça y est, je l'ai !

JEAN-CLAUDE
En s'approchant de Hervé – Où ? Où ça ?

HERVÉ
Là... Là, regarde. « Drame dans la zone industrielle ! Une jeune femme se jette du haut d'un immeuble qui abrite la société Digix... »

JEAN-CLAUDE
Et après ?

HERVÉ

Ben, y a rien après, il cite même pas le nom de notre boîte ! Après tout ce qu'on lui a dit, cette enflure, là…

JEAN-CLAUDE

Prenant le journal – Attends, je vais voir s'ils ont mis ma petite annonce… Tu sais, les nœuds marins, là, et le baromètre en forme d'ancre…

HERVÉ

Attends, mais on s'en fout de ça…

JEAN-CLAUDE

Quoi, on s'en fout ? Ça y est, c'est là. Putain, ça y est ! « Demandez Jean-Claude » ! Putain, ça y est, j'ai mon nom dans le journal ! (***Hervé se barre.***) Ben, pourquoi tu t'en vas ? Ah ouais, t'es jaloux, ouais… T'as qu'à vendre quelque chose, tu seras dans le journal ! ***Lisant*** – « Téléphonez après 20 heures. » Bah, ouais, ça c'est normal, parce que avant je bosse. Pas sérieux s'abstenir, ça c'est… Chuis pas un blaireau !

BONNE BISE

Auteurs : Hervé et Laurent NICOURT

Personnages

Hervé
Jean-Claude
Maéva
Sylvain

Pitch

Jean-Claude pousse Sylvain à passer à l'acte avec Maéva. Évidemment, les conséquences ne sont pas celles attendues, mais alors pas du tout !

PROLOGUE

Hervé et Jean-Claude. Jean-Claude a un magazine.

JEAN-CLAUDE
T'as vu ça ? 61 % des femmes simulent pendant l'amour ! On peut plus faire confiance à personne. À ton avis, elle simule, Fred ?

HERVÉ
Ça, jamais, mon vieux ! Enfin pas avec moi !

JEAN-CLAUDE
Comment tu peux en être sûr ?

HERVÉ
Je t'assure que je le sais, c'est tout... *Comme Jean-Claude s'en va, il élève la voix* – Avec moi, Fred ne simule jamais !
Plus bas à lui-même, dépité – Elle s'en donne même pas la peine.

Sylvain et Jean-Claude devant des papiers.

SYLVAIN
Non, Jean-Claude, je peux pas faire passer ces notes de frais, ça serait malhonnête. (*Maéva sort des toilettes à ce moment.*) Bonjour, Maéva !
Il la suit des yeux, l'air benêt, ce qui n'échappe pas à Jean-Claude.

JEAN-CLAUDE
Dis-moi, ça avance pas vite ton histoire. Ça fait combien de temps que vous faites des ronds de jambe en vous matant avec des yeux de merlan frit ?

SYLVAIN
Ben, trois mois déjà...

JEAN-CLAUDE
Trois mois ! Dis donc, t'attends que la date de péremption soit dépassée pour consommer ?

SYLVAIN
Ben, je veux pas brusquer les choses, Jean-Claude. Faut laisser au temps le temps de faire son œuvre, comme disait Barbelivien...

JEAN-CLAUDE
Ouais, ben, si tu t'agites pas un peu, va falloir que tu l'attaques au dégrippant, la dame ! Sinon, ça te gêne pas trop pour marcher ? Parce que depuis le temps que tu stockes... en plus d'être miro, tu vas devenir sourd !

SYLVAIN
Mais, Jean-Claude, y a pas que le sexe dans la vie. Moi, je préfère que notre relation mûrisse doucement...

JEAN-CLAUDE
Mais c'est mûr, mon pauvre Sylvain. Qu'est-ce que t'attends, que quelqu'un la cueille ? C'est vrai que ça se bouscule pas au portillon...

Jean-Claude et Sylvain. Jean-Claude termine une démonstration en mimant une embrassade.

JEAN-CLAUDE
Et à ce moment-là, direct, hop, tu l'embrasses !

SYLVAIN
C'est pas un peu... brutal ?

JEAN-CLAUDE
Justement, c'est ce qu'elles veulent, les femmes ! Elles font les mijotées, comme ça, mais elles adorent sentir la poigne de l'homme ! Le romantisme, ça va un moment... elles veulent pas non plus s'encombrer d'un mou du slip qui va leur écrire des poèmes pendant dix piges !

SYLVAIN
Ça fait que trois mois...

JEAN-CLAUDE
C'est trop ! C'est vrai qu'avec ta gueule, tu pourrais pas faire la chevauchée fantastique mais raison de plus, y faut l'attaquer direct ! Comme ça, la fille va se troubler comme... comme un pastis sous la pluie...

SYLVAIN
Même Maéva ?

JEAN-CLAUDE
S'énervant – Mais surtout Maéva ! Une grande pouliche comme ça, malheureux, faut la serrer de près, sinon tu monteras jamais dessus !

SYLVAIN
Mais je sais jamais comment faire, moi...

JEAN-CLAUDE
T'inquiète pas, je vais le former, le jockey...

Maéva et Sylvain à la machine. Caché dans les toilettes, Jean-Claude fait des signes à Sylvain, sans que Maéva le voie.

MAÉVA
Alors, Sylvain, qu'est-ce que tu voulais me dire ?

Jean-Claude, énervé, fait signe à Sylvain de l'enlacer. Celui-ci va pour le faire, mais Maéva se penche pour prendre son café. Sylvain renonce et fait un geste d'impuissance à Jean-Claude. Celui-ci s'énerve et vient vers eux.

JEAN-CLAUDE
Énervé – Mais merde, c'est pourtant pas difficile. *Il fait les gestes en même temps qu'il parle* – Main autour des hanches, ferme, en propriétaire. *Il enlace Maéva* – L'autre main sur le flotteur. *Il lui met une main sur le sein* – Et tu renverses. *Il la bascule dans ses bras* – Et hop, patin. *Il l'embrasse* – En même temps, t'agaces le gonfleur. *Il lui caresse le bout du sein, puis la relève* – Et voilà, c'est pas compliqué ! Allez, à toi !

SYLVAIN
Mais, Jean-Claude, qu'est-ce que t'as fait, là ?

Maéva a des yeux de zombie, comme frappée par la révélation. Elle se colle à Jean-Claude.

MAÉVA
Façon zombie – Jean-Claude... encore !

Jean-Claude tente de se défaire de l'étreinte de Maéva. Sylvain s'énerve.

SYLVAIN
Je vais faire ça avec Véro, moi !

ÉPILOGUE

Hervé et Jean-Claude. Ils ont leur manteau, prêts à partir.

HERVÉ
Rigolard – Bon, ben, Casanova, désolé, faut que j'y aille.

JEAN-CLAUDE
Oh non, me laisse pas ! Elle est toujours dans la Xantia ?

HERVÉ
Hilare – Toujours, elle a pas bougé depuis deux heures !

Sylvain arrive avec une coupe à la main, prêt à en découdre avec Jean-Claude.

JEAN-CLAUDE
Merde, merde, voilà le jaloux...

SYLVAIN
Jean-Claude, tu as souillé Maéva...

JEAN-CLAUDE
Désignant la coupe – Qu'est-ce que c'est ?

SYLVAIN
Ben, c'est ma coupe de Scrabble...

JEAN-CLAUDE
Donne-la-moi... ***Il lui prend la coupe et lui donne une baffe*** – Va réviser...

Penaud, Sylvain s'en va.

HERVÉ
Tu sais que lui, hein...

RING PARADE

Auteur : Frédéric LE BOLLOC'H

Personnages
André
Hervé
Jean-Claude
Sylvain

Pitch
Un combat entre Jean-Claude et André est prévu, mais lequel ?

PROLOGUE

Fin de journée, Jean-Claude et Sylvain en pardessus et André derrière eux.

ANDRÉ
À l'oreille de Jean-Claude – Alors, le coq de basse-cour ? ***Goguenard*** – Il est prêt ?

JEAN-CLAUDE
À André, rouleur de mécaniques – T'inquiète pas, va... tu vas pleurer ta mère...

SYLVAIN
Qu'est-ce que vous manigancez, tous les deux ?

ANDRÉ
À Jean-Claude – On t'attend dans le box désaffecté du deuxième sous-sol. Tu vas voir, je t'ai préparé ça aux petits oignons... un vrai petit ring à l'ancienne.
Il s'en va.

JEAN-CLAUDE
Lançant à André – Ça va être la saignée ! La queue entre les jambes, ah, ah !

SYLVAIN
T'es zinzin, Jean-Claude, tu vas pas te battre contre cette brute ! (***On entend un formidable cocorico retentir des toilettes.***) Qu'est-ce que c'est ?

JEAN-CLAUDE
Mon coq !

Où l'on retrouve Sylvain et un Jean-Claude manager enfilant des gants de fauconnier.

JEAN-CLAUDE
J'entends que Champion a fini sa séance de sophrologie. ***Prenant du haut de la machine une cage à poule*** – Il est temps d'en finir avec l'autre prétentieux...

SYLVAIN
Affolé – Tu veux dire qu'André va se battre contre un coq ?

JEAN-CLAUDE
Mais non, charlot, il a parié dix contre un que son clebs à la con boufferait mon coq en deux rounds. Ah, ah, il rigolera moins quand Champion lui volera dans les plumes à son toutou... il va lui becqueter les burnes d'entrée ! Le vice, ça paye toujours.

HERVÉ
Sortant de l'ascenseur – Bon alors Jean-Claude, tu viens… ça commence à grogner en bas. Putain, tu verrais comment ça valse les paris.

SYLVAIN
Mais c'est pas possible, les gars, vous pouvez pas participer à cette ignominie sans nom. Un combat clandestin en plein XXIe siècle… entre un coq et un chien en plus !

HERVÉ
C'est du trans-genre ! Tous les bookmakers en sont dingues ! Alors, il est comment Champion ?

JEAN-CLAUDE
En anglais – *A tiger* !

JEAN-CLAUDE
Ganté, avec sa cage, se dirigeant vers les toilettes – C'est le moment de sortir Champion des vestiaires.

SYLVAIN
Je vous préviens, si vous faites un pas de plus, j'appelle BB et Alain Bougrain-Dubourg.

HERVÉ
En le poussant – Va regarder « 30 millions d'amis » et nous fais pas chier…

SYLVAIN
En partant – Je vais commencer par appeler Police secours… Brigitte Bardot, elle est sûrement sur liste rouge…

JEAN-CLAUDE
Soulagé – Chope-moi ce trou du cul, Hervé, on va l'enfermer cinq minutes avec Champion, histoire qu'il s'agace le bec un peu…

SYLVAIN
Non, pas avec Champion !

HERVÉ
Poussant Sylvain aux toilettes, aidé de Jean-Claude – Pas con, Jean-Claude… comme sparring-partner, ça le fait, ah, ah…

Où l'on retrouve Jean-Claude et Hervé dressant l'oreille, non loin de la porte des toilettes.

HERVÉ
Dis donc, on entend plus rien...

JEAN-CLAUDE
Champion ? Ça va, Champion ?

HERVÉ
Sylvain ?

Sylvain sort des toilettes, il porte sur le visage des griffures.

SYLVAIN
Je suis désolé, Jean-Claude, c'est la fin. Champion est mort... dans mes bras.

JEAN-CLAUDE
En se précipitant dans les toilettes – Non !

SYLVAIN
Penaud, à Hervé – Il était comme fou, Champion. Bien obligé de me réfugier dans un water. Seulement, en fermant la porte, je lui ai sectionné le cou. C'est bêta, hein ?

JEAN-CLAUDE
Livide en sortant – Champion n'est plus...

HERVÉ
Si c'est pas malheureux ! Un bestiau que Jean-Claude bichonnait depuis des mois... un suivi longitudinal au cordeau... gavage au maïs transgénique, piqûres d'anabolisant !

JEAN-CLAUDE
Dans le vague, sonné par la perte – J'en avais fait une anomalie de la nature... des ergots d'aigle royal... on ouvrait les boîtes de conserve avec...

ANDRÉ
Sortant de l'ascenseur, exaspéré - Bon alors, qu'est-ce tu fous avec ton poulet, Jean-Claude ? Magne-toi un peu, je la tiens plus ma bête, moi !

HERVÉ
On annule le combat ! Le coq de Jean-Claude est...

SYLVAIN
Il est forfait...

ANDRÉ
Comment ça, forfait ? Je vous préviens, si on annule, vos mises de fonds, elles sont pour ma pomme...

HERVÉ
Oh, l'autre, pourquoi tu ferais ça ?

ANDRÉ
Parce que je suis contrarié...

HERVÉ
Jean-Claude, dis quelque chose !

ÉPILOGUE

André compte son argent sous l'œil mauvais de Hervé. Jean-Claude se morfond toujours sur Champion.

ANDRÉ
Quel gâchis, hein, Jean-Claude ?

HERVÉ
Mais fais quelque chose, Jean-Claude, il compte mon pognon, enfin notre pognon je veux dire...

JEAN-CLAUDE
Je sais plus, Hervé, je sais plus...

HERVÉ
Sais plus, sais plus... moi, je sais ! On va faire un combat homme-chien, ça c'est du trans-genre ! Pour venger Champion, hein ?

ANDRÉ
Moi je veux bien, mais c'est qui, l'inconscient ?

HERVÉ
Devine...

SYLVAIN
Sortant des toilettes avec un paquet entouré de papier journal – Jean-Claude, c'est tout ce que j'ai pu récupérer de Champion...

JEAN-CLAUDE
Balançant le paquet par terre – Merci, Sylvain. Champion est mort... ***Prenant Sylvain dans ses bras*** – Vive Champion deux !

HERVÉ
Reprenant les billets à André – Les paris sont ouverts !

SYLVAIN
Y a un deuxième coq, c'est ça ?

HERVÉ
Non, un gros pigeon... très gros pigeon !

Ils rient tous, même Sylvain qui ne capte pas ce qui va lui arriver.

VOL POSTAL

Auteurs : Hervé et Laurent NICOURT

Personnages
Jean-Claude
Nancy
Vince

Pitch
Jean-Claude demande à Vince de l'aider à intercepter un courrier compromettant. Vince finit par accepter et, bien sûr, ça se passe mal. Mais pas si mal finalement !

PROLOGUE

Jean-Claude est à la machine, impatient. Vince arrive avec le courrier.

JEAN-CLAUDE
Furieux – Vince, qu'est-ce que tu foutais ? On attend le courrier depuis une demi-heure !

VINCE
Désolé, Jean-Claude. J'ai commencé par les autres étages. T'attendais un truc urgent ?

Jean-Claude cherche fébrilement dans le tas de courrier.

JEAN-CLAUDE
Plutôt, ouais ! T'aurais pu prévenir ! Nous, on t'attend, tu te rends pas compte à quel point tu bloques tout le monde ! Déjà une demi-heure en retard sur mon planning !

Vince sort juste un magazine.

VINCE
Ben, je vois rien pour toi, là ! À part ton *Camping-car magazine* !

Jean-Claude le lui arrache et file aux toilettes.

JEAN-CLAUDE
Justement ! Putain, toute ma journée va être décalée, maintenant. Que de soucis, que de soucis !

Vince et Jean-Claude.

VINCE
T'es fou, *man*, je peux pas te laisser fouiller dans le courrier du président !

JEAN-CLAUDE
Allez, Vince, faut que j'intercepte cette lettre ! C'est une question de vie ou de mort.

VINCE
Moi aussi, *man* ! Je te rappelle que je suis toujours en galère, moi, avec l'histoire du colis de Nancy qui a disparu, alors mollo ! Et puis c'est quoi, ton histoire ?

JEAN-CLAUDE
Gêné – Ben voilà, c'est une bonne amie, elle m'a envoyé un truc très personnel, ici à cause de ma femme, et comme elle croyait que j'étais le président...

VINCE
Elle croyait que t'étais le président de la boîte ?

JEAN-CLAUDE
D'accord, je lui ai un peu bourré le mou. Mais, bon, dedans y a une photo, si le président tombe dessus, je suis mort ! Allez, si tu m'aides, je ferai le témoin de moralité pour l'histoire du colis, OK !

VINCE
Mais si quelqu'un arrive pendant que tu farfouilles, c'est pas d'un témoin que j'aurai besoin mais d'un nouveau taff ! Donc non !

JEAN-CLAUDE
Mais, putain, tu sais ce qui va se passer si tu m'aides pas ? Je vais me faire virer, Véro va me quitter, si elle me quitte je la tue et je me tue, les enfants sont orphelins et ils vont tomber dans la délinquance, la drogue, le trottoir... Tu pourras vivre avec ça sur la conscience ?

VINCE
Oh, *man* !

Les mêmes. Vince fait le guet, Jean-Claude fouille dans une montagne de courrier.

VINCE
Allez, magne-toi !

JEAN-CLAUDE
Ah, ça doit être ça. « Monsieur le président » ! Je reconnais son écriture de petite cochonne, avec ses petits doigts de salope. ***Il ouvre*** – Bingo !
Il rejette un coup d'œil dans le tas de courrier – Tiens, c'est pour Jean-Guy, ça ? Oh, oh, c'est une écriture de femme, ça sent la liaison, et je m'y connais... on jette un œil ?

VINCE
Mais putain, Jean-Claude, t'es trop ! Range tout ça maintenant, si quelqu'un arrive.
Il revient et essaie de retirer les lettres à Jean-Claude qui continue de fouiller.

JEAN-CLAUDE
T'es pas curieux, Vince ! Tu t'intéresses pas à ton boulot, c'est pas comme ça que tu vas progresser.

VINCE
Oui, ben, j'en ai rien à foutre de progresser dans ce boulot de merde…
Il rassemble le courrier et en fait tomber partout. Nancy passe à ce moment.

NANCY
À Vince – Mais, je rêve, vous jouez avec le courrier ? Bravo ! Eh bien je comprends mieux maintenant que mon colis ait pu disparaître. Et moi qui étais gênée de vous créer des problèmes avec ça !

VINCE
Attendez, Nancy, c'est pas ce que vous croyez… Jean-Claude, merde, dis quelque chose !

JEAN-CLAUDE
Vous êtes très en beauté, Nancy… Hein, Vince, c'est vrai ?

Les mêmes.

VINCE
Mais c'est lui qui m'a demandé ! Dis-lui, Jean-Claude !

NANCY
De toute façon, Vincent, c'est vous le responsable du courrier et personne d'autre ! Et si vous n'êtes pas capable de protéger ce courrier, c'est que vous n'êtes pas fait pour ce poste. La preuve, ce colis disparu la semaine dernière !

JEAN-CLAUDE
Hypocrite – Bon, ben, j'y vais, Nancy, je veux pas déranger.

VINCE
Hé, attends, toi ! D'abord, tu me rends ça, je suis responsable du courrier !
Il essaie d'arracher la lettre à Jean-Claude mais c'est Nancy qui la prend.

NANCY
C'est moi qui reprends ça ! ***Elle jette un œil*** – « Jean-Claude Convenant Président » carrément ! ***Elle sort la photo*** – Une photo de femme nue. ***Elle la retourne et lit*** – « Regarde, mon Jean-Claude, comme je suis belle avec ton cadeau ! » ***Elle rejette un œil à la photo et sursaute*** – Mais c'est le collier qui était dans mon colis, celui qui a disparu !

VINCE
Oh, *man* !

JEAN-CLAUDE
Oh, merde !

ÉPILOGUE

Jean-Claude accablé et Vince encore énervé.

JEAN-CLAUDE
Accablé – Oh là là, je suis dans une béchamel, moi, Vince ! Comment elle veut que je rembourse son collier, Nancy ? Je suis pas rhésus, moi !

VINCE
Énervé – Ouais, mais là, t'as déconné à fond, Jean-Claude ! Tu pars en vrille, merde, tu te rends plus compte ! Faut que tu te reprennes comme tu dis ! C'est un ami qui te le dit... même si tu tiens plus du boulet que de l'ami.

JEAN-CLAUDE
Résolu – T'as raison, Vince, j'ai merdé ! Je vais me reprendre en main. Et ça sera grâce à toi, mon ami. Je t'explique : j'ai vu que, dans le courrier de Sylvain, y avait des chèques, alors on pourrait peut-être...

VINCE
Sidéré – Oh, merde !

JEAN-CLAUDE
Insistant – Oh, *man* ?

LE BONNET D'EINSTEIN

Auteur : Lionel MOREAU

Personnages
Hervé
Jean-Claude
Nancy

Pitch
Pour combattre l'odieuse rumeur qui voudrait qu'il soit un imbécile, Jean-Claude essaie le dopage intellectuel.

PROLOGUE

JEAN-CLAUDE
Et Jason, il m'a dit comme ça : « Papa si t'as pas de diplôme c'est pa'ce que t'es un abruti. » Moi, j'aurais dit un truc pareil à mon père, mais il m'aurait collé une danse, hein...

NANCY
Ouais, enfin, l'éducation paternelle a heureusement évolué depuis. Qu'est-ce que vous avez fait ?

JEAN-CLAUDE
Eh ben, je lui ai mis une trempe ! Bah, euh... Attention, y a une grande différence entre la trempe et la danse, hein ? Bah, mon père, 124 kilos de barbaque, eh, trois tours dans mon slip sans toucher l'élastique à chaque taquet, c'est ça, la différence. Il faut pas se tromper sur les mots qu'on dit.

NANCY
Excédée – Bien sûr.

Hervé lit son journal tranquille puis l'utilise rapidement lorsque Jean-Claude sort des toilettes, pour évacuer les odeurs.

HERVÉ
Oh, Jean-Claude, c'est une infection, ferme la porte !

JEAN-CLAUDE
Dis-moi, Véver, si j'étais un abruti, tu me le dirais, toi, t'es un ami ! Tu me le dirais.

HERVÉ
Tu viens de le dire, Jean-Claude, je suis ton ami...

JEAN-CLAUDE
Ouais, enfin de toute façon, je m'en fous. ***Il sort de sa mallette une boîte de capsules*** – Ça va changer grâce à ça !

HERVÉ
Qu'est-ce que c'est ?

JEAN-CLAUDE
Ça, c'est Stimul Spirit... Les étudiants, ils prennent ça avant les examens. Paraît que ça leur stimule les cellules grises, voilà.

HERVÉ
Mais, enfin, c'est des vitamines, voyons, Jean-Claude ! C'est une arnaque, ton truc !

JEAN-CLAUDE
Mais tu rigoles ou quoi ? Y a pas marqué pigeon, là ! Eh, satisfait ou remboursé ils m'ont dit au télé-achat. J'ai pris la première ce matin. Et en plus, en plus regarde ! Eh, eh, j'ai eu un cadeau de promo.
Il sort de sa mallette un bonnet sur lequel est marqué « Einstein », et il le met... – Regarde, c'est pour maintenir les cellules grises au chaud. Vas-y, pose-moi une question, n'importe laquelle, en intelligence pure, vas-y !

HERVÉ
Hallucinant – Mon Dieu...

Les mêmes.

HERVÉ
Mais Jean-Claude, c'est un attrape-couillons ! (***Jean-Claude sort des toilettes.***) Oh là là, ferme la porte, je t'en prie, c'est de pire en pire !

JEAN-CLAUDE
J'ai mal au bide !

HERVÉ
Ah, ouais, je sens ça, ouais...

JEAN-CLAUDE
Non, mais j'ai réfléchi pour mon cerveau, c'est normal, il faut lui laisser le temps de sortir de son hibernation. Tu vas voir, dès que je serai une brute en intellectuel, ben je vais m'attaquer à autre chose qu'un prix Nobel, crois-moi !

HERVÉ
Quoi ? Faire tes lacets tout seul ?

JEAN-CLAUDE
Mais non, niquer Nancy, tu penses ! Parce qu'avec un cerveau à la hauteur de mon physique elle pourra pas me résister. (***Apparition de Nancy.***) Ah, la voilà ! Tant pis, celle de ce midi je la bouffe maintenant !
Il avale une gélule.

NANCY
S'approchant pour se servir un café – Pardon.

JEAN-CLAUDE
Hello, Nancy.

NANCY
Désignant le bonnet « Einstein » – Charmant votre couvre-chef, Jean-Claude…

JEAN-CLAUDE
Nancy, posez-moi une question, n'importe laquelle, allez-y…

HERVÉ
C'est un jeu, c'est un jeu.

JEAN-CLAUDE
Ouais ouais, allez-y.

NANCY
Alors… Qui est Einstein ?

JEAN-CLAUDE
Ça, c'est facile c'est un fabricant de bonnets. Autre chose, allez-y, autre question.

NANCY
Pourquoi vous essayez pas le bonnet d'âne ? Hein ? Le bonnet d'âne !
Elle s'éloigne en riant, rires rendus par Hervé.

JEAN-CLAUDE
Qu'est-ce que ça veut dire, ça ? Pourquoi elle…

HERVÉ
Non, mais Einstein, c'est un physicien, enfin, Jean-Claude. Tu vois bien que ça marche pas, arrête ! J'te jure, t'es ridicule !

JEAN-CLAUDE
D'accord. Ils vont m'entendre au télé-achat, parce que leur saloperie, là…
Il balance ses gélules à la poubelle – Jamais elle a disculpé mon intelligence !
Putain de merde ! *Il va aux toilettes*.

HERVÉ
Décuplé ! Décuplé ! Et dix fois zéro ça fera toujours zéro ! Et ferme cette porte, nom de Dieu, c'est une infection !

JEAN-CLAUDE
Depuis les toilettes – Mais j'ai la chiasse !

Hervé va fermer la porte.

Jean-Claude rejoint Hervé, visiblement en proie à des troubles intestinaux.

JEAN-CLAUDE
Véver, eh, trois messages qu'ils m'ont laissés sur mon répondeur, les abrutis du télé-achat ! Ils se sont gourés sur ma commande. Tu m'étonnes que ça marchait pas, je vais leur renvoyer.
Il regarde dans la poubelle.

HERVÉ
Suspicieux – Forcément...

JEAN-CLAUDE
Bah. Y a plus rien...

HERVÉ
Quelqu'un t'aura vu les jeter et les a pris, sûrement...

JEAN-CLAUDE
Mais c'est pas possible, enfin. Mais le mec il va pas être déçu parce que c'est pas Stimul Spirit qu'ils m'ont envoyé, c'est Stimul Transit. C'est un laxatif hyper-puissant. Et ça, je veux bien les croire parce que depuis ce matin je passe ma vie aux chiottes ! D'ailleurs faut que j'y aille !
Il court vers les toilettes mais Hervé lui passe devant, aussi pressé que Jean-Claude.

HERVÉ
Prems !

JEAN-CLAUDE
Se battant devant la porte des toilettes avec Hervé – Qu'est-ce que tu fais ?

HERVÉ
Prems, je te dis !

JEAN-CLAUDE
Qu'est-ce que tu fais !

ÉPILOGUE

HERVÉ
Excuse-moi, je pensais que c'était des vitamines... comme je suis un peu mou en ce moment dans les négos. (*Jean-Claude boude.*) Bon d'accord. Quand on veut augmenter son intelligence pour en faire une utilisation aussi médiocre, autant rester con, voilà ce que je pense.

JEAN-CLAUDE
Entièrement d'accord, fini le dopage de cerveau. Je vais m'acheter des anabolisants, je serai peut-être pas plus intelligent, mais je pourrai péter la gueule à tous ceux qui me le feront remarquer !

HERVÉ
C'est ça...

Jean-Claude s'en va et on voit qu'il est en short court avec chaussettes remontées.

JEAN-CLAUDE
Et merci encore pour le pantalon !

HERVÉ
C'est un bermuda, et celui de mon neveu. Tu le salis pas, celui-là !
Il court aux toilettes.

150 CALORIES

Auteurs : Hervé et Laurent NICOURT

Personnages

Fred
Hervé
Jean-Claude
Philippe
Serge

Pitch

Jean-Claude a trouvé un article disant qu'on peut garder la ligne en faisant des câlins. Entre baiseurs et non-baiseurs, la polémique s'installe.

PROLOGUE

Jean-Claude lit un magazine. Hervé se fait un café.

JEAN-CLAUDE
Hé, Hervé, t'as lu ça ? Y paraît que les câlins y a pas mieux pour brûler les calories. Là ils ont pas tort, regarde-moi, le roi de la chignole... la taille mannequin !
Il regarde Hervé et va dire quelque chose. Celui-ci lui coupe la parole.

HERVÉ
Ta gueule... ta gucule !
Il s'en va sous l'œil critique de Jean-Claude.

JEAN-CLAUDE
Il aurait pas un peu grossi, lui ?

Jean-Claude et Hervé.

HERVÉ
Dis-moi, c'est quoi la grosse daube que tu me racontais ce matin, sur la baise qui fait maigrir ?

JEAN-CLAUDE
C'est un article dans *Maximec*, le magazine de l'homme moderne. Ils disent que tu peux garder la ligne rien qu'avec la chignole. Au lieu de te mettre au régime carottes-salade pour Fred, tu ferais mieux de la tirer comme un lapin !

HERVÉ
C'est des conneries, t'as des acteurs de porno avec du bide.

JEAN-CLAUDE
Avoue que, dans l'ensemble, ils sont plutôt carré de chocolat que brioche. C'est marqué là : vingt minutes de cascade, ça te bouffe 150 calories !

HERVÉ
Arrête, c'est des trucs de journaliste pour vendre du papelard, je suis sûr qu'il n'y a pas un argument qui ne soit irréfutable, pas un ! Je te le prouve quand tu veux !

Philippe arrive à ce moment.

JEAN-CLAUDE
Hé, Philippe, toi qui es bien placé pour ça, t'es d'accord que la baise ça fait maigrir ?

PHILIPPE
C'est irréfutable. ***Montrant sa ligne*** – J'en suis l'exemple vivant. Tous les soirs je me fais chahuter, et voilà le résultat : rien à jeter !

JEAN-CLAUDE
Tu vois ! Les deux seuls mecs ici qui ont la taille mannequin, c'est les seuls qui trempent le biscuit. C'est pas un argument qu'est… tiré du futal, ça ?

PHILIPPE
Proposant à Hervé – Chocolat ?

HERVÉ
Vexé – Non, j'ai arrêté.

PHILIPPE
Puis à Jean-Claude – Toi, tu peux.

JEAN-CLAUDE
Narguant Hervé – Je passe.

Hervé, Jean-Claude et Serge. Hervé et Serge sont devant, Jean-Claude derrière. Les deux se moquent de lui qui fait la tête.

SERGE
Tu penses bien que ce genre d'expérience n'a aucune valeur scientifique si ça n'a pas été réalisé devant un panel de scientifiques, avec thèse, antithèse, expérience contradictoire.

HERVÉ
De toute façon, ces magazines cherchent juste le gros titre qui attire les blaireaux. ***Façon chaland*** – « Maigrissez avec la méthode du docteur Chignole ! » On croit rêver… mais c'est dangereux !

SERGE
Et même si c'était vrai, ça pourrait pas être aussi catégorique : 150 calories pour vingt minutes, ça dépend de la personne, du contexte…

HERVÉ
Moqueur – T'imagines, si c'était aussi simple, sur les emballages de bouffe y aurait marqué « Apports caloriques 1 000, nombre de coups à tirer pour les perdre : 8,5 ».

SERGE
Moqueur – Et ça voudrait dire que tu verrais tout de suite ceux qui baisent et ceux qui baisent pas, les gros d'un côté, les maigres de l'autre.

HERVÉ
Ça s'appelle de la discrimination... ni plus, ni moins !

JEAN-CLAUDE
Ah ouais... ***À Serge sur un ton froid*** – Dis-moi, Serge, Jeanne, tu l'as toujours pas attrapée ? Et toi, Hervé, avec Fred, c'est souvent l'auberge du cul tourné, non ? ***Il leur tapote le ventre*** – Je l'aurais parié, mes petits gros...
Il s'en va.

HERVÉ
À Serge – C'est vrai que t'as pris un peu, toi, non ?

Hervé à la machine, le journal sur la table. Fred arrive et jette un œil sur le journal.

FRED
Tu lis ça, toi ?

HERVÉ
Non, non, c'est une connerie à Jean-Claude !

FRED
Attends, ça parle de régime et tout ce qui peut te faire perdre des kilos, c'est pas des conneries. « Garder la ligne en se faisant plaisir. » Encore plus intéressant, ça !

HERVÉ
Sautant sur l'occasion – Ah oui, ben, justement, c'est le seul truc de bien dans ce canard. C'est un super-régime, je voulais t'en parler. Page 34.

FRED
Elle lit – L'amour qui fait maigrir !
Elle parcourt rapidement le journal.

HERVÉ
C'est un truc scientifique, très connu. Réalisé devant un panel de scientifiques, avec thèse, antithèse, expérience contradictoire. Rien à voir avec le régime carottes-salade que je me cogne depuis...

Fred s'arrête de lire et montre un truc sur le magazine.

FRED
Ah merde, c'est con, c'est pas pour toi !

HERVÉ
Pourquoi ?

FRED
Ils disent « un câlin de vingt minutes brûle 150 calories »... Toi, vu tes performances, avec un câlin, tu brûles... 15 calories ! Négligeable... Continue ton régime carottes-salade, c'est plus sûr, mon lapin.
Elle s'en va avec le magazine.

HERVÉ
Mais 15 calories, c'est bien déjà...

ÉPILOGUE

Fred habillée. Hervé avec son manteau se dirige vers l'ascenseur, la voit et va vers elle.

HERVÉ
Hé, Fred, on dîne ensemble ce soir ?

FRED
C'est un plan cul ou un plan régime ?

HERVÉ
Arrête avec ça !

FRED
Allez, regrette rien ! Parce que dans leur théorie, ils ont oublié un truc qui fausse tout : moi, après un orgasme, faut que je bouffe... Remarque, avec toi, j'ai pas souvent faim.

CHAT PERDU

Auteur : Raphaël LENGLET

Personnages
Jean-Claude
Maéva

Pitch
Clafoutis, un chat identique à celui de Maéva, a disparu. Jean-Claude décide d'enlever Antisthène pour toucher la récompense.
Quand Maéva propose également une récompense pour retrouver son chat, tout se complique.

PROLOGUE

Maéva et Jean-Claude devant la machine. Maéva lit un journal.

MAÉVA
Lisant – Oh ! mais je la connais, c'est Mme Kappauf ! Elle offre 2 000 euros de récompense à qui retrouvera son chat Clafoutis... c'est le frère d'Antisthène, mon chat... ***Regardant la photo*** – Qu'est-ce qu'ils se ressemblent !

JEAN-CLAUDE
Intéressé – Ils se ressemblent vraiment ?

MAÉVA
Comme deux gouttes d'eau, tu veux dire ! Deux mâles, identiques.
Pauvre Mme Kappauf ! ***Émue*** – Tu sais, Jean-Claude, moi aussi je serais prête à donner 2 000 euros pour retrouver mon chat ! Sans hésiter...
Maéva quitte la pièce.

JEAN-CLAUDE
Mauvais, expression machiavélique – Oh putain ! Y a un coup à jouer, là !
J'enlève Antigel, je le donne à Mme Kappauf, hop 2 000 euros ! J'attends un peu, je le repique, je le rends à Maéva. Hop, 2 000 euros ! 4 000 euros en francs, ça fait... ça fait... 4 x 7... je retiens 12... euh... ça fait, euh... 4 x 6... ça fait, euh.... Ça fait du bien !

Jean-Claude au téléphone devant la machine. Il est griffé au visage.

JEAN-CLAUDE
– Allô ? Oui, madame Kappauf ? C'est à propos de votre annonce.
– (...)
– Oui... eh bien, je pense avoir retrouvé Clafoutis.
– (...)
– Mais je comprends... Dites-moi, les 2 000 euros, ça tient toujours ?
– (...)
– Bien... Bien...
– (...)
– En liquide, je préfère... la maison ne prend plus les chèques !

L'ascenseur s'ouvre sur Maéva, en état de choc, une boîte de Kleenex à la main. Jean-Claude raccroche précipitamment.

JEAN-CLAUDE
Oh, Maéva ! J'ai appris pour ton chat... C'est terrible !

MAÉVA

Choquée – Je comprends pas… il n'a jamais fait ça ! Il aimait son confort, il ne serait jamais sorti longtemps par ce temps. Et en plus, juste avant « Questions pour un champion » ! Il adorait cette émission…

JEAN-CLAUDE

Tu vas le retrouver, Maéva, t'en fais pas ! Fais-moi confiance, il va revenir…

MAÉVA

Oh, Jean-Claude ! C'est tellement dur ! Antisthène, c'était mon rayon de soleil !

JEAN-CLAUDE

Je te comprends. Tu dois être désespérée, non ? Tu dois être prête à tout ? Non ? Qu'est-ce que tu comptes faire ? Tu vas offrir une prime ? T'as combien sur ton compte ? T'as un Plan épargne logement ?

Jean-Claude et Maéva dans tous ses états… Elle est proche de l'hystérie.

JEAN-CLAUDE

Maéva ! Offre une récompense de 2 000 euros et tu retrouves ton chat ! C'est garanti ! Parole de Convenant !

MAÉVA

Femme bafouée – Je n'offrirai pas de prime ! Pas pour retrouver un ingrat qui m'a lâchement abandonnée ! Après toutes ces années…

JEAN-CLAUDE

Il t'a pas abandonnée antineige. Il… il s'est perdu ! Miaou, miaou…

MAÉVA

Comment tu peux dire ça ! Tu connais rien aux chats !

JEAN-CLAUDE

Mais… Mais… détrompe-toi, Maéva… J'ai la fibre avec les chats… On en a souvent croisé des chats sur notre route… mon pare-buffle et moi. Ça crée des liens !

MAÉVA

N'écoutant pas – Tu crois qu'il m'a quittée parce que je suis une maîtresse indigne ?

Jean-Claude lui passe son téléphone.

JEAN-CLAUDE
Si tu veux prouver le contraire, Maéva, alors appelle le journal, et passe ton annonce pour la récompense !

MAÉVA
Pleurant de nouveau – C'est sûrement inutile. Je suis sûre qu'on l'a enlevé pour tester des cosmétiques dans un labo. Il est mort… maquillé comme une pute ! Ou en nem dans un resto chinois… Je l'ai lu dans *Détective* !

Maéva pleure à chaudes larmes. Jean-Claude est fatigué…

Jean-Claude et Maéva devant la machine. Elle semble aller un peu mieux. Elle commence à composer un numéro sur le portable de Jean-Claude, puis s'interrompt.

MAÉVA
Peut-être que je pourrais proposer plus pour la récompense ?

JEAN-CLAUDE
Ravi – Très bonne idée, Maéva… Tu penses à combien ? 3 000 euros ?

MAÉVA
Tu crois que c'est assez, 3 000 euros ?

JEAN-CLAUDE
Je sais pas, Maéva. Maintenant que tu le dis, tu me mets le doute ! Tu l'estimes à combien ton chat ? 5 000 euros ?

MAÉVA
Il est inestimable ! Je serais prête à offrir ce que j'ai de plus précieux !

JEAN-CLAUDE
Halluciné – Ce que t'as de plus précieux ? Vraiment ? Toutes tes économies ?

MAÉVA
Non… ma virginité ! Je pourrais placer une photo de moi, dans ma nuisette en pilou, avec comme légende ***Sexy*** – « Retrouve mon chat… je suis ta récompense… » C'est pas mieux que de l'argent, franchement ?

JEAN-CLAUDE
Calmé – Franchement ? Et puis, Maéva, tu vas pas offrir ta virginité pour un chat. C'est qu'un chat, Maéva. Et puis comme on dit, un de perdu, dix de retrouvés…

MAÉVA
Alors, je finirai vieille fille, vierge, avec dix chats...

JEAN-CLAUDE
T'as pas de cœur, hein ?

MAÉVA
Non, mais j'ai un corps... et j'aimerais bien qu'il serve.

JEAN-CLAUDE
En partant – Ben, sois pas trop pressée...

ÉPILOGUE

Le lendemain. Une Maéva rayonnante et un Jean-Claude, encore plus griffé, devant la machine.

MAÉVA
J'ai entendu une voiture s'arrêter, et redémarrer en trombe, je suis sortie et il était là... Antisthène !

JEAN-CLAUDE
Cachant ses griffures – Bon ! Ben, tout est bien qui finit bien...

MAÉVA
Pas vraiment, j'ai appelé Mme Kappauf et son chat a encore disparu. Du coup, elle offre encore 2 000 euros...

JEAN-CLAUDE
Bon ! Ben, tout est bien qui recommence bien...

XANTIA II

Auteurs : Hervé et Laurent NICOURT

Personnages

Carole
Hervé
Jean-Claude
Vince

Pitch

Jean-Claude s'est fait retirer son permis puis sa voiture. Pour ne pas se faire virer par Carole qui n'attend que ça, une solution s'impose !

PROLOGUE

Hervé est à la machine. Jean-Claude arrive visiblement bourré.

JEAN-CLAUDE
Bonjour, Vince...

VINCE
Oh, j'hallucine, Jiss ! Il est même pas dix heures, t'es déjà bourré ! Fais gaffe, Jiss, t'es sur la mauvaise pente... l'alcool te tient, *man* !

JEAN-CLAUDE
Apprends que c'est pas l'alcool qui tient l'homme, c'est l'homme qui tient pas l'alcool, nuance.

VINCE
C'est beau ça, c'est de qui ?

JEAN-CLAUDE
Ailleurs – De quoi ?

VINCE
Pas de quoi, de qui ?

JEAN-CLAUDE
Mou dans la tête – Quoi ? De quoi de qui, quoi ?

VINCE
OK, oublie ça !

Un petit silence.

JEAN-CLAUDE
Ça quoi ?

VINCE
Ouh là, ça va être sport aujourd'hui...

Jean-Claude à la machine. Arrive Hervé.

HERVÉ
T'es là, toi ? J'ai pas vu ta bagnole dans le parking, pourtant ?

JEAN-CLAUDE
Ben, c'est à cause que je me suis fait arrêter hier par les keufs et comme ils m'ont fait un peu souffler dans le ballon...

HERVÉ
Me dis pas que tu t'es encore fait retirer ton permis ?

JEAN-CLAUDE
Ah ben, non, ça fait trois mois que j'en ai plus ! Alors justement, comme ils pouvaient plus me le prendre, ben, y m'ont pris la Xantia.

HERVÉ
Ah merde ! Mais dis-moi, comment tu vas bosser, toi, sans bagnole ?
À la direction, ils vont pas te louper si tu pars pas en clientèle.

JEAN-CLAUDE
T'inquiète, j'ai pensé à une solution de repli. Touché mais pas coulé, le Jean-Claude !

HERVÉ
Qu'est-ce que tu vas faire, devenir piéton ? Parce que là, bourré comme t'es, même si tu rentres en collision avec un bus, t'es en tort ! C'est ta femme qui va t'emmener ?

JEAN-CLAUDE
Tu rigoles ? Me faire conduire par une femme, tu veux ma mort !
Il sort sa flasque et boit une bonne rasade.

HERVÉ
Mais putain, ça t'a pas servi de leçon, arrête de boire !

JEAN-CLAUDE
Ben justement, Véver ! Maintenant qu'on peut plus me retirer ni mon permis ni ma bagnole, que la fête commence !

Hervé et Carole.

CAROLE
Ce coup-ci, je crois que c'est définitivement réglé pour votre ami Jean-Claude ! Plus de permis, donc plus de voiture, donc plus d'emploi...
Dehors l'alcoolique, et sans indemnités ! Depuis le temps que j'attendais ça...

HERVÉ
Mal à l'aise – Attention Carole, vous ne pouvez pas le virer comme ça ! Il m'a dit qu'il avait trouvé une solution.

CAROLE
Et comment ? Il va faire sa tournée, en rollers ?

Jean-Claude débarque à ce moment par l'ascenseur, casqué et en tenue de motard. Il ferraille pour sortir une mobylette de l'ascenseur. Elle est équipée avec deux sacoches à l'arrière, une à l'avant et a un petit sapin désodorisant accroché au rétro.

JEAN-CLAUDE
Et voilà, je vous présente Xantia II !

CAROLE
Hein ? Vous... vous ne comptez quand même pas visiter nos clients dans tout le département avec ce... cet engin ?

JEAN-CLAUDE
Et pourquoi pas ? Je l'ai monté exprès pour vous montrer. ***Il ouvre une sacoche*** – Ici mon duvet avec mon petit nécessaire de toilette. ***Il ouvre l'autre*** – Là mon catalogue produits et mes échantillons. ***Il ouvre la boîte à outils où se trouve une flasque*** – Là mes petites provisions de bouche ! Tout comme dans la Xantia ! Je suis paré pour prendre la route !

CAROLE
À mon avis, vous allez plutôt prendre la porte...

HERVÉ
Erreur, Carole ! D'après son contrat, tant qu'il fait du chiffre, qu'importe comment il le fait : en chameau, en vélo, en mob ou même en bateau.

JEAN-CLAUDE
Pas en bateau, Véver, j'ai le mal de mer.

Les mêmes.

CAROLE
Soit ! On verra le résultat ! En attendant, dégagez-moi ça, j'attends des clients. (***Jean-Claude monte sur la mobylette et va vers l'ascenseur.***) Et pas par l'ascenseur, c'est pas un monte-charge !

JEAN-CLAUDE
Oh non, s'il vous plaît, Carole...

CAROLE
Prenez l'escalier...

HERVÉ
Vous pouvez pas perdre avec le sourire ! Faut que vous fassiez une dernière petite mesquinerie.

Jean-Claude fait péniblement demi-tour et remonte dessus en allant vers le couloir.

CAROLE
Mais pas du tout, Hervé ! Je pense même que cette idée de mobylette est une très bonne idée.

HERVÉ
Ah, quand même !

CAROLE
Vous savez, l'alcool en deux roues, ça ne pardonne pas, et vu les habitudes de Jean-Claude, il risque fort de nous quitter sous peu !

On entend un énorme bruit de chute dans les escaliers.

CAROLE
Peut-être même plus tôt que prévu !

HERVÉ
Inquiet – Jean-Claude ?

ÉPILOGUE

Hervé et Jean-Claude. Jean-Claude a les deux bras dans le plâtre, immobilisés. Ils sont satisfaits.

HERVÉ
Bravo, ta gamelle, bravo ! Dans les locaux, aux heures de boulot, c'est un accident de travail, imparable.

JEAN-CLAUDE
Il a de la ressource, le Jean-Claude !

HERVÉ
T'es invirable maintenant, même sans bagnole et, en plus, tu vas être payé à rien foutre. C'est pas le bonheur, ça ?

JEAN-CLAUDE
Si mais... *Il a l'air gêné et se tortille un peu* – Euh...

HERVÉ
Explosant – Ah, non, pas encore ! Ça fait la deuxième fois !

JEAN-CLAUDE
Ben, ouais, mais y a qu'à toi que je peux demander ça ! Ça doit être le verre d'eau que j'ai bu à la cantine. Ma vessie est pas habituée, alors...

Ils vont vers les toilettes.

HERVÉ
Putain… *Soudain suspicieux* – Hé, tu me jures que t'y prends pas plaisir ?

JEAN-CLAUDE
Mais non, mon Véver, mais si tu pouvais te couper les ongles…

CLEAN

Auteur : Raphaël LENGLET

Personnages
Fred
Hervé
Jean-Claude
Vince

Pitch
Traumatisée par l'overdose d'une amie, Fred décide de décrocher. Tout d'abord enthousiaste, Hervé va vite déchanter devant la « nouvelle » Fred.

PROLOGUE

Jean-Claude et Hervé face à la machine. Jean-Claude porte un gros bandage sur la tête.

HERVÉ
Ah ! Je te jure ! T'es pas croyable toi !

JEAN-CLAUDE
Oh, c'est bon ! Je captais mal le match, je suis monté sur le toit pour régler la parabole et j'ai glissé. Ça aurait pu t'arriver, à toi aussi !

HERVÉ
Je crois pas. Primo, j'aurais jamais regardé un match déguisé en Lebœuf. Deuzio, si c'était le cas, j'aurais enlevé mes chaussures à crampons, avant de monter à l'échelle...

JEAN-CLAUDE
Ben, c'est parce que t'es pas un vrai supporter !

HERVÉ
Ça doit être ça, ouais...

Jean-Claude sort une corne de brume de sa veste et en joue dans les oreilles de Hervé.

Hervé et Fred devant la machine. Elle a un look étonnamment sage.

HERVÉ
Tu vas bien, toi ? T'as presque l'air d'une personne normale...

FRED
Justement, j'ai pris une grande décision ! Plus de drogue, un esprit sain dans un corps sain.
Fière – Tu te rends compte ? J'ai rien pris depuis hier ! Je suis clean et je compte bien le rester.

HERVÉ
Ça t'est venu comment ? C'est Sarkozy qui t'a fait peur ?

FRED
C'est sérieux, Hervé ! C'est ma copine Jennifer qui a fait sa dixième overdose. Ils lui ont même proposé un abonnement aux urgences.

HERVÉ
Elle a fait une overdose de quoi ?

FRED
Ils ont pas su dire. Elle était tellement défoncée qu'elle a pris de l'adoucissant pour du jus d'orange. Ça a provoqué une réaction chimique avec les autres drogues...

HERVÉ
Ah, quand même. Mais elle est tirée d'affaire ?

FRED
Oui... oui. Enfin à moitié.

HERVÉ
Comment ça, à moitié ?

FRED
C'est comme une hémiplégie. Elle a une moitié défoncée et l'autre lucide.

Fred mime sa copine « à moitié défoncée ». Hervé fait la grimace.

Hervé, souriant face à la machine. Vince vient le rejoindre.

VINCE
Waouh, Harvey ! Événement ! Un sourire avant 10 heures du matin, c'est rare...

HERVÉ
Je te l'accorde. Je suis heureux ! C'est Fred, elle a décidé de décrocher.

VINCE
Ben, c'est pas trop tôt. Elle est vraiment dure à joindre !

HERVÉ
Pas le téléphone, imbécile. La drogue ! Elle veut décrocher. Et tu vois, si elle reste clean, ça change beaucoup de choses. Ça pourrait devenir sérieux entre nous. Elle pourrait devenir « la femme ».
Hervé fait le signe des guillemets.

VINCE
Rire gras – Pourquoi, jusqu'ici, c'est toi qui faisais la femme ?

HERVÉ
T'es vraiment trop con, Vince !

Sur ces derniers mots, Fred fait son entrée. Elle n'est plus la même personne.

FRED
Méchante – Ils se poussent les deux loosers !
Elle se commande un café.

HERVÉ
Dis-moi, Fred, ça te dirait un petit repas chez moi, ce soir ?

FRED
Sans aucune drogue dans le sang, une soirée avec toi, c'est pas possible ! D'ailleurs, ça aussi, j'ai décidé d'arrêter !

HERVÉ
Pourquoi t'es si agressive ? C'est quoi ? C'est l'état de manque ?

FRED
Ben, dis-moi, t'es perspicace ! Remarque, ça m'étonne pas, t'as mis trois ans à trouver mes zones érogènes.

Hervé, dépité, et Vince face à la machine.

HERVÉ
T'as vu la haine dans ses yeux ? Après tout ce que j'ai fait pour elle ! Avec ce que j'ai planqué pour elle dans mon bureau depuis des années, je pourrais arroser le peloton du Tour de France pendant un an…

VINCE
Essayant de détendre l'atmosphère – Qu'est-ce que tu comptes faire ? La droguer à l'insu de son plein gré ?
Bide auprès d'Hervé, il se reprend – C'est une ingrate, laisse tomber !

HERVÉ
Je peux pas ! Fred, c'est ma petite oasis, au milieu de mon désert de solitude !

VINCE
Je te capte pas, là, Harvey…

HERVÉ
Je te la fais plus simple : plus de Fred, plus de sexe. *Capiche* ? Je veux retrouver ma Fred, moi ! Celle qui se défonçait… Celle qui brûlait de désir pour moi ! Pour mon corps…

VINCE
Détaillant Hervé – Ah ouais ? Elle prenait des drogues dures alors ?

HERVÉ
Dis donc !

ÉPILOGUE

Hervé et Fred devant la machine. Elle est de nouveau défoncée.

FRED
J'ai aucune volonté… Une semaine et hop, je craque…

HERVÉ
Hypocrite – C'est dommage, Fred, c'est dommage. Tu veux venir chez moi pour en parler ?
Je te ferai un petit dîner…

FRED
Si tu veux… Qu'est qu'on mange ?
Elle sort un sachet transparent contenant des champignons hallucinogènes.

HERVÉ
Une petite omelette aux champignons ?

FRED
Oh, oui… oh, je t'aime !

HERVÉ
Je sais…

DÉSESPÉRÉE

Auteurs : Hervé et Laurent NICOURT

Personnages
Jeanne
Maéva
Serge

Pitch
Encore abandonnée par son mec, Jeanne est désespérée. Serge en profite pour tenter sa chance en l'enfonçant un peu plus. Mais, bien sûr…

PROLOGUE

Serge et Maéva. Serge est furieux.

SERGE
Non mais, t'as vu le taré que s'est encore levé Jeanne ! À croire qu'elle tombe amoureuse que sur présentation du dossier psychiatrique.

MAÉVA
Pfff... C'est vraiment du gaspillage que vous ne soyez pas ensemble !

SERGE
Ravi – Tu le penses aussi, toi ?

MAÉVA
Ben oui, si vous étiez ensemble, tu pourrais te mettre à ton compte et ouvrir ton cabinet... Elle ferait rabatteuse...

Serge à la machine. Arrive Maéva.

MAÉVA
Serge, tu devrais voir Jeanne, elle est désespérée, elle s'est fait larguer par son mec.

SERGE
Encore ! Elle va finir par être dans le livre des records ! Et je suppose que le type est encore parti avec ses économies ?

MAÉVA
Non, il a juste pris les bijoux. Mais tu sais, à son âge, avec des gosses, c'est pas facile de trouver quelqu'un ! Regarde, même moi qui n'ai pas tous ces handicaps, j'ai du mal aussi.

SERGE
Ce que je ne comprends pas, c'est qu'elle en a un sous la main, un mec bien sous tous rapports, cultivé, avec un travail, du charme, de l'humour...

MAÉVA
C'est qui ? ***Elle regarde Serge et comprend, déçue*** – Ah oui, toi !

SERGE
Oui, moi ! Tu m'excuses, mais je pense quand même que je vaux mieux que tous les minables qu'elle se ramène. Est-ce qu'elle a seulement conscience que je suis prêt à tout pour elle ?

MAÉVA
Eh ben, justement, on en parlait ce matin.

SERGE
Plein d'espoir – Et alors, qu'est-ce qu'elle a dit ?

MAÉVA
Ben, euh... Qu'elle n'était pas désespérée à ce point-là !

Serge accuse le coup, son visage devient mauvais.

SERGE
Entre ses dents – Eh bien, ça peut s'arranger !

Serge et Jeanne. Jeanne va s'écrouler petit à petit, minée par Serge.

JEANNE
Et je lui ai dit que j'étais pas sa bonne et que, quand il rentrait à 3 heures du matin, il avait pas à me réveiller pour que j'aille chercher des bières. Il l'a hyper mal pris et il est parti !

SERGE
Le salaud. Mais tu sais, y a des périodes où de toute façon tout va mal, c'est peut-être ton cas. T'as pas d'autres soucis en ce moment ?

JEANNE
Oh ben si, maintenant que tu me le dis, j'ai que des galères, dis donc ! Les huissiers sont venus, j'ai fait une tache sur mon canapé neuf, et ma fille a encore perdu sa cagoule !

SERGE
Ah ça, quand le destin s'acharne, il est cruel !

JEANNE
Oh, j'avais pas vraiment besoin de ça ! Et en plus je suis seule maintenant. Et va savoir jusqu'à quand, si le destin s'acharne sur moi.

SERGE
C'est sûr que ça tombe mal, parce que, en plus, les statistiques le prouvent : passé trente ans pour une femme avec des enfants et un bas salaire, en province, c'est dur de retrouver un homme. Et si en plus la malchance s'y met...

JEANNE
Résignée – Tu crois que je suis condamnée à vieillir seule avec mes enfants ?

SERGE
Ben non, voyons ! Enfin pas longtemps ! Parce que maintenant les enfants abandonnent le foyer de plus en plus tôt. Surtout quand y a pas de père.

Quelques cafés plus tard. Jeanne est complètement abattue, Serge s'est rapproché.

JEANNE
Je sais plus quoi faire, je suis complètement désespérée… en plus, mon canapé, c'est du daim, enfin du simili ! Eh ben, le simili daim, c'est du vrai buvard, c'est un vrai souci, ça…

SERGE
Grand jeu, bras autour de l'épaule – Et si tout ça n'était qu'un signe du destin ? Le signe que c'est le moment de changer de vie. Le bonheur n'est peut-être pas si loin, tout peut basculer d'un coup, regarde autour de toi.

Jeanne s'abandonne un peu quand Maéva arrive avec une cagoule.

MAÉVA
Ah, tiens, Jeanne, j'ai retrouvé la cagoule de ta fille. Elle l'avait oubliée dans mon bureau.

JEANNE
Soudainement radieuse – Le signe ! Serge, le voilà, le signe du destin… regarde, la chance revient. Je vais prendre un nouveau départ, je vais téléphoner à Doudou pour m'excuser, il va rentrer. Merci, Serge.
Elle va pour partir et revient – Et puis, je vais m'acheter un canapé en skaï, hein !
Jeanne s'en va, laissant Serge abattu, la tête entre les mains, sous l'œil de Maéva.

SERGE
J'abandonne, je suis désespéré.

MAÉVA
Regard appuyé, aguicheur, plein d'espoir – Vraiment désespéré ?

SERGE
Il regarde Maéva en coin – Non merci, Maéva.
Il lui tapote l'épaule avant de partir – Pas à ce point-là !

ÉPILOGUE

Serge à la machine. Arrive Maéva.

MAÉVA
Tu sais, Serge, je te vois tout triste, toi qui es si gentil avec tout le monde, alors, je voulais te donner un conseil...

SERGE
Sarcastique et énervé – Un conseil, toi ? Toi qui es complètement à côté de la plaque, qui as jamais été foutue de te trouver un mec, tu veux me donner un conseil, à moi, le psychologue ? T'as pas peur de dire des conneries, toi, au moins !

MAÉVA
Sciée – Mais... t'es méchant !

SERGE
Ben, tu vois, tu dis déjà moins de conneries !

CONCERT

Auteur : Raphaël LENGLET

Personnages

Fred
Hervé
Jean-Claude
Jeanne

Pitch

Jean-Claude invite Hervé au concert de Johnny, au mois de juin. Hervé cherche un moyen de se défiler sans froisser le fanatique.

PROLOGUE

Hervé devant la machine, Jean-Claude fait son entrée, une petite enveloppe à la main.

JEAN-CLAUDE
Cadeau !

HERVÉ
Ouvrant l'enveloppe – Qu'est-ce que c'est ?

JEAN-CLAUDE
Surexcité – Ta place pour le méga-concert de Johnny Hallyday la semaine prochaine ! C'est complet depuis des mois !

HERVÉ
Essayant de se défiler – Je sais pas quoi dire… les mots me manquent. Mais j'espère que j'aurais pas à bosser vendredi. C'est souvent le rush au bureau, le vendredi…

JEAN-CLAUDE
Eh non ! Je me suis occupé de tout. J'ai posé ton congé en même temps que le mien. Tout est prêt ! Ça fait des mois qu'on te prépare la surprise. Vero t'a même acheté un T-shirt et une casquette ! On se fait une joie ! Alors ? Qu'est-ce qu'on dit ? Qu'est-ce qu'on dit ?
Jean-Claude quitte la pièce.

HERVÉ
Au secours ?

Hervé et Jeanne face à la machine.

JEANNE
Alors ? C'est super ! Jean-Claude t'invite au concert de Johnny !

HERVÉ
Tu plaisantes ? Je déteste Johnny Hallyday ! Ne le dis pas à Jean-Claude. Il serait capable de boire son Petrol-Hahn !

JEANNE
Qu'est-ce que tu lui reproches, à Johnny ? C'est comme Zidane, tout le monde l'aime.

HERVÉ
Justement ! En parlant de foot… C'est à cause de sa chanson à la con qu'on a

perdu ! ***Il chante*** – « Oh les champions, on est tous ensemble ! » Dès que je l'ai entendue, j'ai su que c'était plié !

JEANNE
Ben, tu feras semblant… Deux heures de concert, c'est pas la mort !

HERVÉ
Tu plaisantes ! On part à 6 heures du mat en camping-car avec des membres du fan club local ! Toute la putain de journée ! ***Voulant faire un bon mot*** – C'est « voyage au bout de l'ennui ». (***Aucune réaction de Jeanne***.) Tu sais… rapport à *Voyage au bout de la nuit* de Céline…

JEANNE
Je vois pas… C'était sur *Titanic* ou sur son nouvel album ?

HERVÉ
De quoi tu parles ?

JEANNE
Bah, de Céline Dion, tiens ! Pourquoi, tu parles de quoi, toi ?

HERVÉ
Lassé – De Dick Rivers…

JEANNE
Ah bon !

Hervé au téléphone devant la machine.

HERVÉ
Bon, t'as bien compris, Fred ? Quand tu vois Jean-Claude partir vers la machine, tu viens et tu m'annonces qu'on a gagné un voyage, le week-end prochain…
(…)
Comment ça où ça ?
(…)
Mais on s'en fout, c'est bidon !
(…)
Hein ? Mais… mais je sais pas, moi, trouve un pays dans le journal !

Jean-Claude fait son entrée, Hervé raccroche.

JEAN-CLAUDE
Surexcité – Alors, t'es prêt à allumer le feu ? Tu vas voir quand toute la foule chante « Que je t'aime » et que les briquets s'allument ! C'est beau ! C'est

beau ! Tu sais, Hervé, un concert de Johnny, c'est une expérience unique dans une vie...

HERVÉ
Encore heureux...

JEAN-CLAUDE
Pardon ?

HERVÉ
Non, je dis... c'est fabuleux...

JEAN-CLAUDE
La vache ! Tu sais que moi, je dors plus depuis dix jours ! Je te jure !
Avec Véro, on a préparé un Johnny-quizz pour la route ! J'ai fait installer un son *surround* dans le camping-car ! Oh, Hervé ! T'as pas idée de ce que tu vas vivre...

HERVÉ
Si... si... j'ai une vague idée.

Hervé et Jean-Claude face à la machine.

JEAN-CLAUDE
Chantant dans les oreilles de Hervé – « Oh Hervé, si tu savais... tout le mal que l'on m'a fait... »

Fred fait son entrée, un papier à la main.

FRED
Hervé ! C'est incroyable ! Y a une agence de voyages qui vient d'appeler !
On a gagné un voyage de rêve en Autriche, le week-end prochain !

HERVÉ
Gêné – En Autriche ? T'es sûre, Fred ? (***Elle hoche la tête.***) L'Autriche ? Vraiment ?

FRED
Pourquoi ? C'est pas bien, l'Autriche ? Ben, si t'es pas content, trouve quelqu'un d'autre pour te défiler de ton concert de merde !
Elle quitte la pièce.

JEAN-CLAUDE
Te défiler de ton concert de merde ? Hervé ? T'essayais pas de me monter un bateau pour pas venir ?

HERVÉ
Mais... mais... enfin, Jean-Claude ! Tu vas pas croire les inepties d'une droguée !

JEAN-CLAUDE
Choqué – Concert de merde ? Comment elle ose parler de concert de merde !

HERVÉ
Laisse tomber ! Fred est jalouse. *Faux* – Elle sait que ce concert, c'est tout pour moi ! Tu connais mes convictions...

JEAN-CLAUDE
Ça me touche, ce que tu dis, Hervé... Et tu sais quoi, vu que t'es motivé, on partira la veille, et on ira visiter la maison d'enfance de Johnny, en Belgique !

HERVÉ
Arrête, Jean-Claude ! C'est trop !

JEAN-CLAUDE
Et puis, soyons fous ! On se fait les trois dates ! On dormira dans le camping-car avec les gosses... on se serrera, hein !

HERVÉ
Arrête, Jean-Claude ! C'est trop !

JEAN-CLAUDE
Chantant dans les oreilles de Hervé – « Oh Hervé, si tu savais... »

ÉPILOGUE

Jean-Claude devant la machine, en tenue de fan de Johnny.

JEAN-CLAUDE
Allez, mon Véver ! Sors des chiottes que j'admire !
(*Hervé sort des toilettes, il porte perfecto à franges, santiags, pantalon en cuir, T-shirt Johnny...*) La vache ! T'es splendide !

HERVÉ
T'es sûr que c'est pas un peu trop ?

JEAN-CLAUDE
Mais enfin, Hervé ! Tout le monde se sape pour un concert de Johnny !
Tu voudrais pas avoir l'air d'un con quand même ?

HERVÉ
Non, non...
Mine anéantie de Hervé.

LEÇON DE VIT

Auteurs : Hervé et Laurent NICOURT

Personnages

Jean-Claude
Jeanne
Maéva
Sylvain

Pitch

Invitée à déjeuner par Sylvain, Maéva demande à Jeanne de lui faire profiter de son expérience en matière d'hommes. Mais Jeanne s'emporte dans ses souvenirs.

PROLOGUE

Maéva et Sylvain.

SYLVAIN
Dis-moi, Maéva, tu as prévu quelque chose pour déjeuner ?

MAÉVA
Tout excitée – Euh... non ! Pourquoi ?

SYLVAIN
Parce que j'ai pensé qu'on pourrait déjeuner ensemble ce midi, si tu veux ?

MAÉVA
Toute timide – Voui !

SYLVAIN
À midi alors, je passerai te prendre ! ***Grand seigneur*** – C'est moi qui t'invite !
Resté seul, il prend un air de dur, séducteur flambeur.

SYLVAIN
Ça va valser, les tickets restau !

Jeanne à la machine, Maéva file vers elle.

MAÉVA
Jeanne, Jeanne, ça se précise vraiment avec Sylvain, je dois dîner avec lui et je crois que notre histoire, c'est du sérieux.

JEANNE
Excitée et heureuse – Oh, bravo ma fille ! Je suis tellement heureuse pour toi. Tu vas voir, c'est le bonheur. Tu me raconteras, hein. ***Regard complice plein de sous-entendus*** – Dans les moindres détails !

MAÉVA
J'en suis pas encore là ! Tu sais, c'est ma première histoire d'amour. Alors, j'ai pas l'intention de brusquer les choses.

JEANNE
Oui, mais va pas trop lentement, hein, parce que les hommes c'est comme les places de parking, ça reste jamais libre très longtemps.

MAÉVA
Je sais, mais je voudrais que ma première histoire d'amour soit la bonne parce que je veux être la femme d'un seul homme. Alors, toi qui connais les hommes, qui en as déjà eu à tes côtés, raconte-moi un peu comment on doit faire.

JEANNE

Ah, je sais pas si on peut dire que je connais les hommes mais, ce qui est sûr, c'est que j'en ai eu souvent à mes côtés. ***Complice*** – Enfin, quand je dis à côté, je me comprends !

Elles gloussent.

Jeanne et Maéva. Jeanne est très excitée et Maéva se laisse gagner peu à peu.

JEANNE

Excitée – D'abord, t'as le premier temps, l'approche ! C'est ce que je préfère, c'est le moment des petits cadeaux, des bouquets de fleurs, des invitations au restaurant. ***Fermant les yeux*** – Puis un jour, quand le temps est venu, tu t'offres à lui. Et alors...

MAÉVA

Un peu partie – C'est le bonheur, l'extase sublime, la communion des corps qui dure des heures !

JEANNE

Des heures, euh, pas toujours, surtout si tu l'as fait attendre longtemps. ***Émoustillée*** – Mais bon, à partir de ce moment-là, vous allez découvrir le plaisir de la passion torride, les étreintes sauvages, dans un petit hôtel, dans la voiture...

MAÉVA

Emportée – Cinq fois par jour !

JEANNE

Euh, oui... Au début peut-être. ***Repartant dans son histoire*** – Après, il va venir s'installer chez toi. Le matin, tu lui porteras son petit déjeuner au lit avant d'aller travailler. Le soir, tu te dépêcheras de rentrer pour faire les commissions et lui cuisiner un bon petit plat pendant qu'il lira son journal des courses. Tu lui repasseras une chemise pour qu'il soit le plus beau pour sortir le soir.

MAÉVA

Enflammée – Et on sortira jusqu'au bout de la nuit !

JEANNE

Ben non, toi tu travailles le lendemain. Alors tu te coucheras heureuse, en sachant que quand il rentrera, au milieu de la nuit, il te fera l'amour dans ton sommeil !

MAÉVA
Enflammée – Être réveillée toutes les nuits par les mains d'un homme !

JEANNE
Oh non, y a des nuits où il ne rentrera pas.

Jeanne et Maéva. Petit à petit, Jeanne s'attriste pour virer aux pleurs et à la crise de larmes.

JEANNE
Triste – Et puis un matin, quand tu lui donneras son argent pour ses petites dépenses, c'est tout juste s'il te dira merci. Petit à petit, il deviendra violent, il te tapera quand tu auras oublié ses bières le soir en rentrant. Et puis un jour, il te dira : « Je vais chercher mon manteau dans la voiture » et il ne reviendra jamais et il te laissera avec deux gosses qui n'auront plus de père, encore une fois.
Elle éclate en sanglots.

MAÉVA
Le salaud ! Calme-toi, Jeanne !

JEANNE
En pleurs – Et toi, tu te retrouveras seule, avec un petit boulot de merde, une petite vie de merde. Les hommes, c'est tous des salauds ! Bhouhouhou.

Sylvain arrive à ce moment.

SYLVAIN
Salut les filles ! Maéva, on va déjeuner, je vais juste chercher mon manteau.

Jeanne redouble ses pleurs.

MAÉVA
C'est ça, salaud. Et après, tu vas m'abandonner ! Et laisser nos enfants sans père, parce que j'ai oublié les bières ! T'es bien comme les autres !
Et je t'interdis de me faire l'amour pendant mon sommeil !

Elles s'en vont en pleurant, laissant Sylvain perplexe.

SYLVAIN
Mais on déjeune plus, alors ?...

ÉPILOGUE

Jean-Claude et Sylvain dans la même position qu'étaient Maéva et Jeanne.

JEAN-CLAUDE
Excité – Et puis, là, tu connaîtras les étreintes sauvages, dans un petit hôtel, dans la voiture...

SYLVAIN
Emporté – Cinq fois par jour !

JEAN-CLAUDE
Hou là, bien plus. ***Il devient grave*** – Puis un jour, tu rentreras et elle t'engueulera parce qu'il sera tard. Et là, tu réaliseras qu'elle est devenue grosse, qu'elle se néglige. Alors tu voudras partir. Mais y a les gosses ! Et alors là…

TENDRESSE

Auteurs : Alexandre et Jérôme APERGIS

Personnages

André
Serge
Vince

Pitch

André a perdu la niak ! Il demande à Serge de le requinquer... Serge sera-t-il la première victime d'un André remis sur pied ?

PROLOGUE

Le soir. Serge en manteau, à la machine. Vince le rejoint.

VINCE
Dis donc, Serge, j'aimerais te parler, je suis pas au top en ce moment et…

SERGE
Qu'est-ce que tu veux que je te dise, hein ? Que tu fuis ta famille pour éviter les explications, que tu t'impliques pas dans le boulot parce que t'as la trouille de te décevoir toi-même, que sentimentalement c'est pareil, t'as pas les couilles d'assumer une liaison durable… En bref, que t'es trop lâche pour évoluer ? C'est ça ?

VINCE
Abattu, il s'en va – Oh putain !

SERGE
À lui-même. Il regarde sa montre – Ben ouais, c'est un peu en raccourci, mais il est 18 heures… J'ai fini ma journée. Moi aussi, j'ai une vie privée…

Serge est à la machine, André arrive discrètement, l'air très abattu. Serge le voyant arriver amorce un départ.

ANDRÉ
Hé ! Bouge pas de là, toi ! Faut que je te cause pendant que les autres sont à la cantoche !

SERGE
Effrayé, il s'arrête – J'ai rien fait, pourquoi moi ?

ANDRÉ
T'inquiète pas, je t'ai dit qu'il faut que je te cause, pas que je te démolisse… Ton job de psy, là, c'est comme pour les médocs, t'es tenu au secret professionnel ?

SERGE
Bien sûr, rien de ce que me disent mes patients ne sort de mon bureau… C'est la base… Pourquoi, t'as un problème, André ? Si tu veux, on peut prendre rendez-vous…

ANDRÉ
Nan ! On va faire ça tout de suite ! Et commence pas à me dire que j'ai un problème !

SERGE
D'accord, d'accord. Alors, quel est le pro... Qu'est-ce qui va pas ?

ANDRÉ
Il regarde autour de lui – Il y a que depuis une semaine je me conduis comme une lavette, j'ai plus la niak... et j'ai l'impression qu'ils commencent à s'en rendre compte à la direction.

SERGE
Non ? Il s'est passé quelque chose de spécial il y a une semaine ? Un fait marquant ?

ANDRÉ
Ben non... À part peut-être que ma mère est morte...

Les mêmes. Petit silence.

SERGE
Tu sais, je comprends ta pudeur, André, mais pour que je puisse t'aider, il faudrait que tu me parles un peu de ta mère, de ton enfance...

ANDRÉ
Laisse ma mère tranquille, j'ai rien à en dire, je l'ai pas vue depuis que j'avais quatre ans !

SERGE
Bien sûr... m'enfin, tu sais, André, la difficulté du deuil réside souvent dans le fait qu'on a l'impression de ne pas avoir tout réglé avec la personne en question, de ne pas lui avoir dit tout ce qu'on voulait lui dire...
Tu comprends ?

ANDRÉ
Menaçant – Non ! Essaye de faire plus clair !

SERGE
Heu... Je sais pas, moi, tu aurais peut-être voulu qu'elle te dise quelque chose, qu'elle essaye de te voir, par exemple...

ANDRÉ
Elle a essayé, mais c'est moi qui ai pas voulu... Bon, ça fait une demi-heure qu'on discute et ça confirme ce que je pensais...

SERGE
À savoir ?

ANDRÉ
À savoir, que t'es un charlatan... Et depuis ma plus tendre enfance, j'ai jamais pu saquer les charlatans... ***Il va pour le frapper et s'arrête net*** – Et merde ! Je peux pas, c'est bloqué dans mon crâne... Aide-moi, Serge !

Les mêmes. André a les yeux dans le vide.

SERGE
Je crois qu'on commence à y voir plus clair. En fait, t'es pris dans un paradoxe, d'un côté t'en veux à ta mère parce qu'elle t'a abandonné... et d'un autre côté, t'es attaché à elle, c'est classique, t'es pas le premier à vivre ça, tu sais...

ANDRÉ
Les yeux dans le vide – Alors, si je donnais des pains, c'était pour épater maman ? Comme une sorte de dédicace ?

SERGE
C'est probable... t'as des souvenirs de ta mère ?

ANDRÉ
Je me rappelle qu'elle avait un visage très doux, qu'elle était très tendre, et qu'elle... qu'elle...
Il se met à sangloter.

SERGE
Oui, oui, laisse-toi aller... allez, André, laisse aller !

ANDRÉ
Qu'elle m'appelait « mon petit gorille »...
Il éclate en sanglots.

SERGE
Il lui donne un mouchoir – Oh oui, il avait besoin de poutous, il aime sa maman...

ANDRÉ
Il se jette au cou de Serge et lui fait un énorme câlin comme s'il s'agissait de sa mère. On entend les os de Serge qui craquent sous la pression.
Maman... Ma maman...

SERGE
Agonisant – Je... suis... pas... ta... mère... aïe ! Attention, tu transfères...

ÉPILOGUE

Serge est à la machine, il a une minerve. André le rejoint, il est en pleine forme.

SERGE
Il essaye d'articuler du mieux qu'il peut – Eh bien, ça a l'air de t'avoir fait du bien notre petite discussion d'hier...

ANDRÉ
Ouais, je suis guéri ! Pourtant, tu sais, je nage toujours en plein paradoxe...

SERGE
Ah bon ? C'est-à-dire ?

ANDRÉ
C'est-à-dire que je t'en ai beaucoup dit sur moi... Alors je me tâte maintenant. Des fois, je me dis que tu vas rien dire, et d'autres fois, je me dis qu'il va falloir que je t'aide à fermer ta gueule... Tu comprends ? Le paradoxe, quoi !

SERGE
Je te paie un café ?

ANDRÉ
Oui, oui, en attendant... parce que, là, faut que je réfléchisse comment le...

SERGE
Réfléchis pas trop quand même...

ANDRÉ
Aussi...

MERCI JEAN-GUY

Auteurs : Hervé et Laurent NICOURT

Personnages

Hervé
Jean-Guy
Jeanne

Pitch

Jeanne a enfin eu son mercredi libre. Mais les conditions sont telles qu'elle veut revenir en arrière. Évidemment, Jean-Guy en profite encore.

PROLOGUE

Jeanne et Hervé.

JEANNE
Attendrie – C'est fou comme les enfants ressentent les choses ! Tu vois, depuis le départ de mon mari, il manque un homme à la maison. Eh bien, mon plus grand, d'instinct, il a pris cette place. Rien qu'à la façon de me parler, « Qu'est-ce qu'on mange ? », « Amène-moi mes chaussures ! », j'ai l'impression d'entendre son père.

HERVÉ
Sarcastique – Et il te cogne lui aussi ?

JEANNE
Attendrie – Mais non, il est encore trop petit ! ***Super attendrie*** – P'tit bout de chou, va !

Jean-Guy à la machine, arrive Jeanne.

JEANNE
Jean-Guy, c'est vrai ? Ça y est, j'ai mes mercredis !

JEAN-GUY
Exactement. Sur un avis favorable de ma part, la direction vous accorde enfin vos mercredis libres. Et en plus, je m'occupe de votre statut de cadre.
Donc plus la peine de demander au syndicat.

JEANNE
Merci Jean-Guy ! C'est merveilleux, je vais enfin voir mes enfants. Parce que en semaine, on se voit à peine deux heures le soir. C'est un moment privilégié mais bien trop court.

JEAN-GUY
Bravo, c'est courageux de ne pas tout sacrifier à sa carrière. C'est vrai que c'est plus facile quand on n'a aucune perspective d'avenir !

JEANNE
C'est pour ça, j'ai pas réussi ma vie professionnelle, je voudrais pas rater l'éducation de mes enfants.

JEAN-GUY
Parfait. Eh bien, maintenant, il faut songer à remercier votre entreprise en travaillant dur. Tenez, voici vos nouveaux horaires.
Au travail !

Jeanne regarde la feuille que lui tend Jean-Guy.

JEANNE
Mais là, Jean-Guy, je termine à 20 h 30 tous les jours, alors que normalement c'est 18 heures !

JEAN-GUY
Vous vouliez votre mercredi, non ? Vous vous doutez bien qu'on ne peut pas vous faire cadeau d'une journée, comme ça ! Alors on a réparti vos heures du mercredi sur chaque soir de la semaine.
Alors, qu'est-ce qu'on dit ?

JEANNE
Au bord des larmes – Merci Jean-Guy.

Jeanne est à la machine et Jean-Claude arrive.

JEAN-CLAUDE
Alors, Jeanne, paraît que tu vas devenir cadre ?

JEANNE
Oui... non... enfin... Dis-moi, tes enfants, c'est ta femme qui va les chercher à l'école ?

JEAN-CLAUDE
Non, c'est l'aîné, Jason, qui s'occupe des deux petits. Ça évite de payer quelqu'un pour ça. Note qu'il fait pas ça gratuitement, le Jason. Mais il nous fait un prix parce qu'on est de la famille !

JEANNE
Et ils sont bien au collège Jean-Jaurès ?

JEAN-CLAUDE
Oui, enfin... en intérim... entre deux expulsions.

JEANNE
Et tu crois que Jason, il pourrait ramener les miens aussi, c'est sur sa route...
Je le paierais... un petit peu...

JEAN-CLAUDE
Si y a du fric à la clef, il acceptera ! Mais attention, il est pas donné, le Jason !
Formé à l'école Convenant, ça vaut tous les diplômes !
Mais bon, si tu passes cadre, t'auras les moyens ! Puis t'es presque de la famille, on te fera un prix ! Alors qu'est-ce qu'on dit ?

JEANNE
Euh... merci Jean-Claude.

Jean-Guy et Jeanne. Ils ont leur manteau, c'est le matin du lendemain. Jeanne sort de l'ascenseur, elle a un cocard.

JEAN-GUY
Ah, voilà notre mère de famille ! Ça va, Jeanne ?

JEANNE
Hésitante – Ben, euh... Jean-Guy, avec mes nouveaux horaires, faut que je paie quelqu'un pour mes enfants le soir. Et j'ai beau faire tous les calculs, je peux pas m'en sortir financièrement !

JEAN-GUY
Jeanne, je vous ai dit que je ne pouvais pas vous augmenter !
Montrant le cocard – C'est quoi, ça ?

JEANNE
C'est mon plus grand, quand je lui ai dit que je pourrais peut-être plus payer ses cours de judo, il s'est énervé... Jean-Guy, je ne peux pas revenir comme avant ?

JEAN-GUY
Ah non, Jeanne, c'est signé, on ne peut pas revenir en arrière ! Par contre j'ai peut-être une solution pour vos difficultés financières.

JEANNE
Oh, merci Jean-Guy !

JEAN-GUY
Julie prend ses RTT le mercredi. Alors plutôt que de prendre un intérimaire en remplacement au standard, je vous garde la place.

JEANNE
Le mercredi ! Mais, mes enfants...

JEAN-GUY
Attention, seulement jusqu'à 18 heures ! Vous aurez encore toute la soirée avec vos bambins ! Bien sûr, je ne peux pas vous payer plus cher qu'un débutant. Mais ça vous aidera toujours ! Alors qu'est-ce qu'on dit ?

JEANNE
Au bord des larmes – Merci Jean-Guy !

ÉPILOGUE

Jeanne et Hervé.

JEANNE

Désespérée – Et au final, je travaille plus qu'avant mais il me reste moins d'argent, je ne suis plus chez moi le soir dans la semaine et même pas le mercredi.

HERVÉ

Furieux – Mais t'es trop conne, aussi, d'avoir accepté ! Je t'avais dit que le syndicat s'en occupait. T'aurais pu avoir ton mercredi sans réduction de salaire ! Et maintenant que t'as accepté n'importe quoi, qui est-ce qui passe pour un con ? C'est moi ! Merci Jeanne !

Jeanne s'effondre en sanglots.

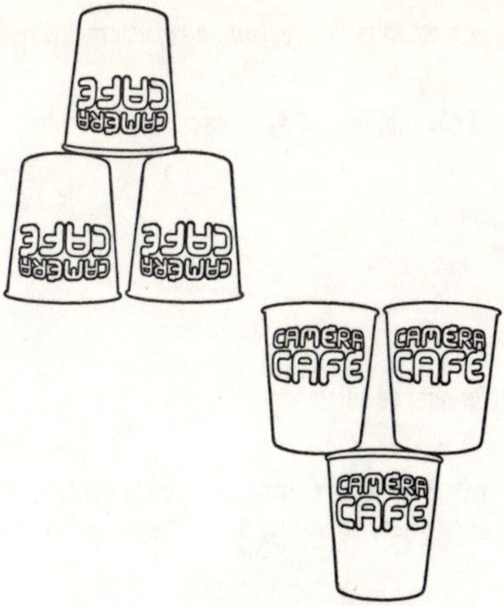

UN AIR CANAILLE

Auteurs : Alexandre et Jérôme APERGIS

Personnages
Hervé
Jean-Claude
Nancy
Sylvain

Pitch
C'est un grand jour pour Sylvain, il est « maître de cérémonie » au congrès des comptables de l'entreprise. Mais Jean-Claude, qui doit se rendre avec Hervé à une coucherie, se rend compte qu'il a perdu sa dent à pivot.

PROLOGUE

Sylvain, en smoking et nœud papillon révisant un discours, est rejoint par Juju.

SYLVAIN
Chers collègues, chers comptables... C'est creux, c'est...

JUJU
Waouh, la classe, Sylvain...

SYLVAIN
Merci...

JUJU
Dis donc, tu vas te la donner ce soir...

SYLVAIN
Qui flippe à mort – Ah ben, à vrai dire, je suis un peu stressé, là, affronter un public de cinquante personnes, en qualité de maître de conférence en plus !

JUJU
Détends-toi Sylvain, le congrès annuel des comptables de l'entreprise, c'est quand même pas Bercy. Je suis sûre que tu vas t'en tirer...

SYLVAIN
Merci Juju. (*Juju s'en va...*) Enfin, c'est pas Bercy, c'est pas Bercy... y aura ma mère, quand même...

Les mêmes, plus Jean-Claude et Hervé qui arrivent de la cantine, détendus et le cure-dents entre les lèvres.

SYLVAIN
Répétant toujours – Après les nouveaux barèmes, je vous parlerai de la question épineuse des centimes d'euro... parce que, bon...

HERVÉ
Hé, mister pingouin, tu te gèles pas trop sur la banquise ?
Il rit avec Jean-Claude – Facile, facile...

JEAN-CLAUDE
Fais gaffe, t'as un ours polaire dans ton dos ! Hé, hé, hé...

Hervé lui passe la main dans les cheveux.

SYLVAIN
Arrête, heu... hé, vous venez me soutenir au congrès de la compta ?

HERVÉ
On a que ça à foutre, ah, ah… Jean-Guy est pas là, alors avec Jean-Claude, on va se faire un cinq à sept chez la grosse Louisa. Elle va nous présenter deux petites nouvelles frangines. Hum…

JEAN-CLAUDE
Qui se fait beau. On découvre qu'il lui manque une dent – Comment tu me trouves, Hervé ? La classe à Dallas, non ? Eh ben, qu'est-ce que vous avez à me regarder comme ça ?

SYLVAIN
Rigolard – M'enfin, Jean-Claude, y a un trou dans ta bouche !

HERVÉ
T'as pris un coup de vieux, là ! Je sais pas si elle va aimer, la frangine à Josy !

JEAN-CLAUDE
Inquiet, il fouille sa bouche avec la langue – Merde ! Ma dent à pivot ! Elle a dû rester plantée dans le nougat à la cantoche. Putain, fait chier !

HERVÉ
Ça se voit, hein…

JEAN-CLAUDE
Oh, je peux pas y aller comme ça…

SYLVAIN
Ah non…

Jean-Claude, paniqué, Hervé et Sylvain.

SYLVAIN
Rigolard et content - Peut-être que j'ai l'air d'un pingouin mais là, franchement… ça fait pas propre, Jean-Claude !

JEAN-CLAUDE
Toi, ta gueule, hein ! Qu'est-ce qu'on fait, Hervé ? Tu crois que si je coince une boulette en papier ?

HERVÉ
Tu crois pas à ce que tu dis, quand même, Jean-Claude ?

JEAN-CLAUDE
Un morceau de sucre, alors ?

SYLVAIN
Non mais, ça va fondre, Jean-Claude ! Y a rien à faire, et crois-moi, je sais de quoi je parle ! Des dents à pivot, j'en ai trois, je vous signale ! J'ai eu toute la mâchoire refaite quand j'étais petit. C'était à la Grande Motte, je nageais la tête sous l'eau, j'étais tout fier, c'était la première fois, mais j'ai pas vu arriver le pédalo… Ça a été un choc terrible…

JEAN-CLAUDE
L'interrompant – Sylvain, faut que tu me prêtes une dent !

SYLVAIN
Hé, hé ! Tu plaisantes, Jean-Claude ?

HERVÉ
Tout en prenant Sylvain par le coup et en lui pinçant le nez pour qu'il ouvre la bouche – Enfin, tu connais l'humour de Jean-Claude ! Tiens, vas-y ouvre, ouvre…

Jean-Claude se prépare à se servir dans la mâchoire de Sylvain.

Les mêmes. Jean-Claude achève de mettre la dent qui manque, maintenant, dans la mâchoire de Sylvain.

JEAN-CLAUDE
T'as des petites quenottes, toi… T'as pas été bâti pour manger de l'entrecôte !

SYLVAIN
Je préfère le poisson… mais c'est pas le problème, mince. C'est une partie de moi-même, vous avez pas le droit de me la prendre comme ça !

HERVÉ
Mais t'inquiète pas, y fera attention… de toute façon, là où on va, on mâchouille plus qu'on croque, alors…

JEAN-CLAUDE
Il a fini de visser la dent, et se redresse – Alors, comment tu me trouves ?

HERVÉ
Bien ! Elle a pas la même couleur que les autres, mais ça donne un air aventurier !

SYLVAIN
Très contrarié – Écoute, Jean-Claude… voilà… C'est très humiliant pour moi de rester comme ça. En plus y aura ma mère au congrès. On arrête le délire… rends-moi ma dent, Jean-Claude !

JEAN-CLAUDE

En allant vers l'ascenseur avec Hervé – Tout à l'heure ! Pour l'instant, avec Hervé, on va bouffer de la sirène !

HERVÉ

Avant que les portes se ferment – Très juste ! Moitié femme, moitié morue ! Et ton chicot, il sera en terrain connu, toi qui aimes le poisson !

Il rit. L'ascenseur se ferme. Juju arrive.

JUJU

Alors, Sylvain, t'arrives à te décontracter ?

SYLVAIN

Qui n'ose pas ouvrir la bouche – Mmmm, mmmm !

ÉPILOGUE

Sylvain attend, Jean-Claude et Hervé déboulent de l'ascenseur. Jean-Claude n'a plus la dent de Sylvain.

SYLVAIN

Mince les gars, je suis déjà en retard à cause de vous !

JEAN-CLAUDE

On s'aperçoit que la dent de Sylvain manque – Ah, Sylvain, y a eu un imprévu !

SYLVAIN

De quoi, t'as pas perdu ma dent, Jean-Claude ?

JEAN-CLAUDE

Si. En fait, j'étais en train de rouler une saucisse à la sœur de Lisa et hop, elle l'a avalée quoi !

SYLVAIN

Mais faut qu'elle la recrache !

HERVÉ

Mais elle peut pas la recracher tout de suite, elle la recrachera demain, si j'ose dire. Mais elle a promis qu'elle te l'enverrait par la poste et tout... C'est une fille comme ça...

SYLVAIN

Faisant un sourire au miroir de la machine – Mais j'ai l'air de quoi, moi ?

JEAN-CLAUDE

Mais c'est pas mal !

HERVÉ
Ouais, ça te donne un petit air canaille, je trouve...

JEAN-CLAUDE
Très juste...

SYLVAIN
Comme Laurent Romechko ?

JEAN-CLAUDE
Plus... plus sauvage...

HERVÉ
Voilà, plus violent... Allez, vas-y, tu vas être à la bourre...

Sylvain s'en va, tout fier...

HERVÉ
À Jean-Claude – Ça me rappelle la fois où t'avais perdu ton alliance...

JEAN-CLAUDE
Ah, tu sais qu'ils l'ont jamais retrouvée...

LE POT

Auteurs : Hervé et Laurent NICOURT

Personnages
Hervé
Jean-Claude
Jean-Guy
Nancy

Pitch
Jean-Claude a organisé un pot avec des produits du terroir ramenés de sa tournée. Mais vu qu'il les a eus par magouille, ils ne sont pas très frais.
En plein inventaire, ça indispose la direction !

PROLOGUE

Jean-Claude et Hervé. Nancy arrive pendant le début de la phrase sans qu'ils la voient.

JEAN-CLAUDE
Attends, j'en ai une meilleure. Tu sais quelle est la différence entre une moule et une huître. Quarante ans !

NANCY
C'est de très bon goût, Jean-Claude !

JEAN-CLAUDE
Ah ben, j'avais pas vu que...

NANCY
Tenez, puisque vous aimez les devinettes, j'en ai une pour vous. Vous savez ce qui sépare la femme du primate ?

JEAN-CLAUDE
Euh, non.

NANCY
Toquant sur la table qui la sépare d'eux – Une table.
Elle s'en va, laissant Jean-Claude interrogatif et Hervé hilare.

JEAN-CLAUDE
Une table ? C'est pas drôle ! D'où c'est drôle, mon Véver ?

HERVÉ
Laisse tomber, c'est pas pour les primates.

JEAN-CLAUDE
C'est quoi, un primate ?

HERVÉ
Heu... laisse tomber.

JEAN-CLAUDE
OK, c'est pas grave. Tiens, écoute celle-là. Alors ça se passe dans une boîte à touzes !

Jean-Claude rit déjà, Hervé n'en peut plus...

Une table où subsistent des reliefs d'un pot, dont des coquilles d'huîtres. Plusieurs personnes qui s'en vont. Restent Jean-Guy, Jean-Claude.

JEAN-GUY
Excellent, Jean-Claude. Votre pot était très réussi. Et surtout très bon !

JEAN-CLAUDE
Vous savez, ce ne sont que quelques huîtres d'Oléron, direct du bassin certes, et aussi quelques rillettes du Mans en direct du Mans... Le tout garanti sans intermédiaires, Jean-Guy, j'y tiens...

JEAN-GUY`
Lyrique – C'est vrai qu'on oublie tous ces bons produits de notre joli pays, les richesses de nos belles provinces. Quelle riche idée de nous le rappeler en organisant ce petit pot entre collègues ! Excellent pour le moral de l'entreprise ! Surtout en cette dure période d'inventaire où nous avons tous besoin de motivation.

Jean-Claude sort un papier de sa poche.

JEAN-CLAUDE
Un peu gêné – Justement, en parlant de motivation, j'ai là ma demande d'augmentation et...

JEAN-GUY
Méfiant puis souriant – Augmentation ? Allez, donnez-moi ça, votre initiative mérite bien un petit geste de ma part !

JEAN-CLAUDE
Pas trop petit, le geste...

JEAN-GUY
Gourmand...

JEAN-CLAUDE
Un peu...

Hervé et Jean-Claude.

HERVÉ
Chapeau M. le Fayot ! Mais dis-moi, ça a dû te coûter bonbon tout ça, même acheté chez le producteur ? Ça te la chiffre à combien, ton augmentation ?

JEAN-CLAUDE
Tu t'imagines bien que j'ai mes petites combines. Jean-Claude les bons tuyaux, c'est moi ! Pour les huîtres, j'ai un copain qui bosse à Oléron, chez un osétri, autro…

HERVÉ
Ostréiculteur !

JEAN-CLAUDE
C'est ça ! Chaque jour, quand il charge le camion de livraison, il met une bourriche de côté qu'il revend le lendemain à des potes. Et comme moi je lui ai rendu quelques services, je les ai gratos.

HERVÉ
Et les rillettes, ça viendrait pas de ta charcutière normande, la petite dodue qui t'envoyait des lettres avec des taches de gras ?

JEAN-CLAUDE
Tout juste ! Mais maintenant, elle bosse chez Rigras, la grande fabrique de rillettes… Chaque soir, elle en sort un petit peu, hop, glissé dans les bonnets du sous-tif. En deux jours, elle m'a rempli le gros pot !

HERVÉ
Et un petit coup de chignole dans la couenne, en prime, hein, mon cochon ! *Soudain vaguement inquiet* – Mais les huîtres, tu es allé les chercher avant ou après les rillettes ?

JEAN-CLAUDE
Avant. C'est là-bas qu'ils m'ont dit que ça se mariait super bien avec de la rillette. Alors j'ai fait un petit crochet par Le Mans… Je devais rester deux heures, je suis resté deux jours !

HERVÉ
Franchement inquiet – Tu veux dire que ça fait deux jours que tu trimballes ces huîtres dans ton coffre ?

JEAN-CLAUDE
Trois jours… Ben oui, avec le voyage Oléron-Le Mans, faut bien le tenir le cerceau… Ça se fait pas comme ça, les kilomètres !

Hervé et Jean-Claude.

HERVÉ
Catastrophé – Mais enfin, Jean-Claude, t'es complètement inconscient ! On ne sert pas des huîtres qui ont passé quatre jours dans un coffre de bagnole !

JEAN-CLAUDE
Pourquoi, elles ont pris l'odeur du gasoil, c'est ça?

HERVÉ
Mais non, mais elles sont peut-être crevées. Ça peut être super dangereux !

JEAN-CLAUDE
Mais je sais pas, moi, j'y connais rien en huîtres ! J'en bouffe pas, moi, de ces saloperies, j'ai toujours trouvé ça dégueulasse !

HERVÉ
Attends, rassure-moi, quand tu les as ouvertes, ça allait, t'as rien remarqué de suspect, au moins?

JEAN-CLAUDE
C'est pas moi qui les ai ouvertes, je sais pas le faire. C'est mon pote d'Oléron qui me l'a fait sur place. Tu verrais le coup de main !
Il joint le geste à la parole – Zag, il ouvre, il referme… Zag, il ouvre, il referme… il ouvre, il referme, et hop, il met tout ça dans la bourriche…
Hervé sent les huîtres puis va courir dans les toilettes.
Moi, je suis arrivé ici et puis voilà, j'ai servi le plateau… direct!

Hervé vomit dans les toilettes.

ÉPILOGUE

Jean-Claude à la machine. Arrive Hervé, plié en deux, qui va vers les toilettes.

HERVÉ
Faut qu'on parle, Jean-Claude, hein ! Tu bouges pas, tu restes !

On entend le bruit d'une poignée de porte qui refuse de s'ouvrir.

VOIX DE JEAN-GUY
Occupé !

On entend le bruit d'une deuxième poignée de porte qui refuse de s'ouvrir.

VOIX DE JEANNE
Occupé !

Hervé ressort en courant et file vers l'ascenseur.

HERVÉ
Ah, chier !

Au premier plan, Jean-Claude sent une huître.

JEAN-CLAUDE
C'est vrai que ça pique un peu…

HERVÉ
Depuis l'ascenseur – Jean-Claude, faut qu'on parle hein !

JEAN-CLAUDE
Ouais, ouais, je bouge pas…

On entend un son suspect… Hervé, les jambes croisées, se lamente.

HERVÉ
Ah, trop tard ! Merde !

UN PARI À LA CON

Auteurs : Alain BOUZIGUES et Jean-Pierre PASCAUD

Personnages

Coursier
Hervé
Jean-Claude
Philippe
Sylvain

Pitch

Jean-Claude est pris par le démon du jeu : il veut parier sur tout. Il va surtout perdre.

PROLOGUE

Sylvain et Jean-Claude sont devant la machine.

SYLVAIN
Jean-Claude, j'ai le démon du jeu. Au loto j'ai gagné 117,50 euros, plus de deux fois ma mise !

JEAN-CLAUDE
Mais qu'est-ce que tu vas faire avec tout cet argent ?

SYLVAIN
Je sais pas !

Les mêmes, avec Hervé en arrière-plan.

JEAN-CLAUDE
Jouer, c'est autre chose. Cause-moi poker, champ de courses, casino, la thune qui tombe, le grand frisson !

SYLVAIN
Alors là, Jean-Claude, on y va quand tu veux, parce que je suis un sacré veinard.

JEAN-CLAUDE
Y t'énerve pas, toi ? (***Hervé lui répond non de la tête, absorbé dans sa lecture.***) Bon, tu veux jouer, on va jouer ! Je te parie 10 sacs que la prochaine personne qui entre ici est une femme. ***Il tend sa main*** – Tope là.

Sylvain tape dans la main de Jean-Claude et aussitôt après retentit la voix du DRH qui passe comme une fusée dans le fond.

JEAN-GUY
Bonjour, messieurs. Ah, Jean-Claude ! Faut qu'on parle mais je n'ai pas le temps !

SYLVAIN
Très mesuré dans son exclamation – Ouais, bingo !

JEAN-CLAUDE
Ouais, là, c'est la chance du débutant : on remet ça !
Leurs mains se touchent et, sitôt fait, on entend la voix du DRH qui repasse dans le fond, un nouveau dossier sous le bras.

JEAN-GUY
Faut vraiment qu'on se parle ! Jean-Claude...

JEAN-CLAUDE
Ça, c'est sûr !

Hervé est mort de rire.

Les trois attendent...

HERVÉ
C'est con, y a plus personne qui passe...

SYLVAIN
C'est que j'ai pas que ça à faire, moi.

HERVÉ
Ah non, Sylvain, faut être sport, Jean-Claude vient de t'allonger deux biftons...

JEAN-CLAUDE
Ça te dérange qu'on inverse ? Je prends les hommes maintenant !

À ce moment toutes les filles sortent de partout : ascenseur, couloirs, toilettes, etc.

HERVÉ
Salut les filles !

SYLVAIN
J'te fais un tarif groupé... J'en ai vu six... J'en compte trois... Et on arrête !

HERVÉ
La belle, attends : la belle ! T'as vu ça ? Écoute, franchement...

JEAN-CLAUDE
On n'arrête rien du tout. J'suis pas un petit joueur, moi... Je reprends les femmes. C'est mon truc, les gonzesses... Faut jamais changer de tactique.
Toujours le même numéro. Écoute bien ce que je te dis. C'est le Joueur qui parle...

Les mêmes.

SYLVAIN
C'est qu'on en est à 152,44 euros quand même ! Ça me gêne...

JEAN-CLAUDE
Ça fait combien en vrai ?

HERVÉ
1 000 francs.

JEAN-CLAUDE
Quitte ou double. Tape !

SYLVAIN
Double : tu gardes les gonzesses.

PHILIPPE
Bonjour, bonjour les hirondelles !

JEAN-CLAUDE
Ah non, alors lui, il compte pas !

SYLVAIN
Et pourquoi ? Ça compte !

PHILIPPE
C'est quoi, cette histoire ? Pourquoi je compte pas, moi, qu'est-ce que j'ai ? J'ai un truc ?

JEAN-CLAUDE
À Sylvain – Bon, allez, je suis seigneur... ***À Philippe*** – Va pisser, toi, va pisser...

SYLVAIN
Jean-Claude, je te fais un échéancier, tu me régleras en plusieurs mensualités, on fera des notes de frais : on s'arrête là.

JEAN-CLAUDE
Triple ! On triple : du jamais-vu !

ÉPILOGUE

Les portes de l'ascenseur s'ouvrent... Entre un coursier mastok.

JEAN-CLAUDE
Enlève ton casque, toi !

SYLVAIN
Jean-Claude, voyons !

JEAN-CLAUDE
Ta gueule toi... j'ai un doute... Si ça se trouve, c'est une gonzesse !

LE COURSIER
Se rapprochant menaçant – Tu me traites de gonzesse, toi ? Je vais te faire l'amour, moi.

POUBELLS'BOY

Auteurs : Hervé et Laurent NICOURT

Personnages

Fred
Hervé
Jean-Claude
Un guest façon Frémon

Pitch

Hervé prend pitié d'un éboueur venu vendre des calendriers. Mais quand celui-ci parle avec Jean-Claude, il se révèle être un super-commercial roublard.

PROLOGUE

FRED
Hier, y a les pompiers qui sont passés chez moi pour me vendre leur calendrier. Y a pas à dire mais ils ont la classe. Y en avait un surtout, un petit Italien... mignon, mignon...

HERVÉ
C'est l'uniforme qui fait ça ! Franchement, si tu leur enlèves le casque, la veste en cuir, les grosses bottes et les heures de musculation, qu'est-ce qui reste ?

FRED
Un mec comme toi !

Hervé avec un guest éboueur. Ils regardent des calendriers...

GUEST
Humble – Et celui-là, c'est mon préféré ! Des petits chats dans un panier. C'est vraiment gentil de votre part, ça nous aide bien, vous savez.

HERVÉ
Ah, mais, c'est normal. Solidarité avec les travailleurs, c'est ma devise. Quand on est en haut, il faut savoir tendre la main à ceux qui sont restés en bas...

Jean-Claude arrive avec un magazine ouvert à la main.

JEAN-CLAUDE
Hé, regarde Hervé. ***Il s'interrompt et fronce le nez*** – Oh là, c'est quoi, cette odeur de poubelle ?

HERVÉ
Jean-Claude, je t'en prie ! Monsieur vient vendre ses calendriers. C'est pour aider les éboueurs retraités en situation de précarité. Tu peux lui en prendre un ou deux, qu'on en finisse...
Il passe un calendrier à Jean-Claude qui le renifle.

JEAN-CLAUDE
Qu'est-ce que tu veux que je foute avec des petits chats qui sentent le renard ?

GUEST
Très humble – L'odeur, c'est parce qu'ils sont faits avec du papier recyclé qu'on collecte nous-mêmes, pour économiser, on a pas de gros moyens...

HERVÉ
Allez, Jean-Claude, un bon geste !

JEAN-CLAUDE
Ce qui serait un bon geste, ça serait de m'aider à me payer ce nouveau camping-car ! Mate ça, toutes options ! Mais putain, il vaut la peau des burnes du roi Fahd !

Le guest jette un coup d'œil au magazine de Jean-Claude.

GUEST
32 000 euros en version grand luxe avec l'option WC chimiques. Je sais, je l'ai commandée !

Les mêmes, Hervé circonspect, l'éboueur qui change petit à petit et Jean-Claude qui devient complice.

HERVÉ
Hé, mais... c'est pas un peu cher pour un salaire d'éboueur ?

GUEST
Pour le salaire ouais, mais y a les à-côtés. Avec les trucs que les gens jettent et qu'on revend aux brocanteurs, on se débrouille bien !
Et tout au black !

HERVÉ
Mais alors, les calendriers...

GUEST
Super-business, les calendriers ! Dont je suis *le* spécialiste ! De septembre à février, je fais que ça et j'en dépote un max.

JEAN-CLAUDE
Intéressé – Ça se vend si bien que ça, tes trucs qui puent ?

GUEST
L'odeur c'est du marketing, c'est la signature du produit !
Tiens, les pompiers, pourquoi ils vendent leur calendrier en uniforme ?
T'as pas besoin de casque pour faire du porte à porte ! Parce qu'ils vendent une image ! Nous, notre identité produit, c'est l'odeur !

JEAN-CLAUDE
Ravi – Ah ouais, je comprends ! Je suis commercial. Alors, le bourrage de mou, j'm'y connais.

GUEST
Bien sûr ! La vente, c'est juste une question d'adapter son discours au tocard que t'as en face. À force de ramasser de la merde toute la journée, j'ai appris à en vendre !

Jean-Claude et le guest en pleine euphorie, derrière, Hervé fait la gueule.

GUEST
Par exemple pour les gonzesses, je sors le couplet des orphelins, les enfants des éboueurs tombés dans la benne. Des conneries gnangnan, quoi !

HERVÉ
Ouais… ordure, chez toi, c'est une vocation.

JEAN-CLAUDE
Au guest – Laisse, y peut pas comprendre, lui c'est qu'un acheteur ! Mais tu sais que t'aurais dû faire commercial, toi !

GUEST
J'ai pas de mérite ! Les gens sont cons. Tiens, le plus facile c'est de jouer sur la fracture sociale. Le coup du pauvre mec, tu vois, ça les rassure. Du coup, ils se sentent supérieurs et ils font une bonne action, du style « Madame nourrit ses pauvres ». Et hop, une dizaine de calendriers dans ta gueule !

JEAN-CLAUDE
Désignant Hervé avec un sourire – Combien il en a pris ?

GUEST
Même ton – 20… au prix fort.

HERVÉ
Et alors, moi, j'ai un grand cœur et j'en suis fier !

JEAN-CLAUDE
Ouais, mais là, tu m'excuses, Hervé, c'est pas dans le cœur qu'il te l'a mis !

ÉPILOGUE

Hervé seul à la machine, avec son paquet de calendriers.

HERVÉ
Connard ! Attends, tu vas voir comment je vais te les refourguer, tes

calendriers. Moi aussi je sais vendre, je vais même me faire un bénef sur ta gueule ! Je vais arroser toute la boîte.
(*Fred arrive à ce moment.*) Tiens, Fred, tu tombes bien !

FRED
Attends, je me prends un café, ça me calmera. Je viens du bureau de Maéva, cette conne s'est fait refourguer une dizaine de calendriers par un éboueur qui lui a fait au sentiment. Ça m'énerve de voir quelqu'un être assez con pour se faire baiser aussi facilement ! Qu'est-ce que tu voulais ?

HERVÉ
Cachant ses calendriers – Euh... T'es à jour pour la cotisation du CE ?

AMOUR AVEUGLE

Auteurs : Alain BOUZIGUES et Jean-Pierre PASCAUD

Personnages

André
Adriana
Hervé
Jean-Claude
Philippe

Pitch

Suite à un pari avec Hervé et Jean-Claude, Philippe débarque à la boîte sous le nom et l'apparence d'Adriana, sa sœur.

PROLOGUE

Philippe est rejoint par André.

ANDRÉ
Tu devrais pas mettre de cravate, toi. Quand on a une tête de nœud, vaut mieux porter des cols roulés.

André rit, Philippe ne pipe mot.

ANDRÉ
Ça te fait pas rire ?

PHILIPPE
Si, si...
Il ricane.

ANDRÉ
Pourquoi je te fais rire ? Tu me prends pour un clown ?

PHILIPPE
Non, non, pourquoi tu... *Il voit André poser son gobelet et retrousser ses manches* – Je vais m'en prendre une, c'est ça ?

ANDRÉ
Ah, t'es plus fort en devinettes qu'en blagues, toi !

PHILIPPE
Bonheur au jeu, malheur en amour...

ANDRÉ
Oh ! et puis en plus, tu me dragues ! Que du bonheur, mon Philippe...
Philippe tente une sortie mais André l'alpague sans forcer – Mais si, viens là... Viens, viens...

Le matin. Hervé et Jean-Claude sont rejoints par une jeune femme, très bien habillée en tailleur, Adriana.

HERVÉ
Bonjour. Vous cherchez quelqu'un, madame ?

ADRIANA
Mademoiselle. Oui, MM. Dumont et Convenant.

JEAN-CLAUDE
Vous pouviez pas mieux demander, c'est moi : Jean-Claude !

HERVÉ
Et Hervé. Excusez-moi, mais vous me rappelez quelqu'un...

ADRIANA
Philippe Gatin, peut-être ? Je suis sa sœur : Adriana.

JEAN-CLAUDE
Y a une ressemblance ! Mais vous êtes vachement plus gironde, si je puis m'exprimer, hein...

ADRIANA
Philippe m'avait dit que vous saviez parler aux femmes, mais pas que vous étiez aussi musclé !
Elle le palpe.

JEAN-CLAUDE
C'est qu'il a pas le droit de toucher, lui. Hé, réservé aux jolies dames exclusivement...

ADRIANA
C'est mon frère qui m'envoie : vous lui devez 200 euros... 100 chacun.

HERVÉ
Mademoiselle, vous êtes charmante, mais on ne doit rien à Philippe !

ADRIANA
Vous aviez bien parié avec lui qu'il viendrait au boulot habillé en femme sans se faire reconnaître ? J'ai fait le tour des étages, j'ai même croisé André et personne ne m'a rien dit. Alors ?

HERVÉ
Il a compris – Oh, la vache !

JEAN-CLAUDE
Il n'a rien compris – Alors les gens sont des malotrus. Je vous fais faire la visite de l'étage si vous voulez ?

ADRIANA
Voix masculine – Tout ce que tu veux, chéri, mais d'abord tu me files mon blé.

JEAN-CLAUDE
Quoi ?...
Il s'approche de la jolie dame et réalise qu'il s'agit de Philippe. Il pousse un cri d'effroi tandis qu'Hervé tripote la fausse poitrine de Philippe...

PHILIPPE
Arrête !

Les mêmes, un peu plus tard. Jean-Claude et Hervé donnent de l'argent à Adriana.

HERVÉ
Regarde, elle s'est rembourré les hanches ! Une vraie gonzesse !

ADRIANA-PHILIPPE
J'espère... Avec Bichon, on y a passé la nuit ; il m'a fait trois crises de nerfs...

JEAN-CLAUDE
Ça va pour cette fois, mais tu me tripotes plus jamais le... Le cul, OK ? Plus jamais !

ANDRÉ
Venant du couloir – Messieurs-dames...

HERVÉ
Salut André... Je te paye un petit café ?

ANDRÉ
Ouais, mais d'abord tu me présentes. *À Adriana, tout sourire* - On s'est juste croisés...

HERVÉ
Heu, oui... André Markovicz... Et Adriana, la sœur de Philippe.

ANDRÉ
Ah, Philippe, ce garçon délicieux... Tout en fantaisie... *Dévorant Adriana des yeux* – C'est vrai qu'il y a un air de famille, dans le regard peut-être... ou le grain de la peau...

ADRIANA-PHILIPPE
Il panique – Bon, ben, je vais y aller, moi. Il faut que j'y aille...

JEAN-CLAUDE
Retenant fermement Philippe – Mais non, Adriana, vous allez bien prendre un verre avec nous.

HERVÉ
Bien sûr qu'elle va prendre un petit coup ! Alors, Adriana, thé, café, chocolat ?

ADRIANA-PHILIPPE
Café, noir, serré, sans sucre..

HERVÉ
Ah, c'est marrant, tout comme Philippe !

Les mêmes, buvant un coup.

ANDRÉ
Et... C'est la première fois que vous venez ici, Adriana ?

JEAN-CLAUDE
Penses-tu ! Elle est déjà venue. On se connaît bien, hein ?

ADRIANA-PHILIPPE
Heu... Oui...

HERVÉ
Et on vous aime bien, vous êtes une chic fille ! Alors, on travaille toujours dans les effets spéciaux ?

ANDRÉ
Non ? Sans blague, vous travaillez dans le cinéma ?

ADRIANA-PHILIPPE
Heu... Oui... En ce moment...

JEAN-CLAUDE
Attention, dans sa partie, c'est une nana qui te fait croire n'importe quoi. Tu lui files une lanterne, elle t'en fait une vessie, pas vrai ?

ADRIANA-PHILIPPE
Amusant, Jean-Claude. Ha ! mon frère, il m'attend en bas ! Excusez-moi, je l'avais oublié...

ANDRÉ
Je vous accompagne.

ADRIANA-PHILIPPE
Il panique – Non ! C'est pas la peine... Je vais d'abord aux...
Elle disparaît dans les toilettes.

ANDRÉ
Elle est... extraordinaire, cette femme !

HERVÉ
Ah ouais, c'est quelque chose... Tu sais, André, ben tu l'as peut-être senti mais je crois que t'as la barre...

ANDRÉ
Déjà, dans le couloir là-haut, j'avais senti quelque chose de..

JEAN-CLAUDE
Ah ouais, tu vas sentir, c'est sûr...

ANDRÉ
Les mecs, je crois que je suis amoureux... Je l'aime.
Hervé et Jean-Claude explosent de rire. André n'apprécie pas, les prend par le cou et les projette contre la machine à café – Faut pas rire avec l'amour...

Adriana-Philippe assiste à la scène et en profite pour s'enfuir discrètement... André chante en bastonnant.

ÉPILOGUE

Philippe est rejoint par André.

ANDRÉ
Ah, Philippe, mon ami, j'ai raté ta sœur ! Tu l'as pas vue parce que, là, je suis comme un dingue...

PHILIPPE
Non ? Elle est déjà repartie ?

ANDRÉ
Ouais. Bon : elle est géniale et j'ai deux places pour les courses à l'hippodrome, dimanche. Je l'invite, tu lui donnes. ***Il lui tend un carton*** – Parce que, là, je suis comme un dingue !

PHILIPPE
Ah, ben ouais, mais ça, je sais pas si elle pourra... c'est compliqué...

ANDRÉ
Tu te démerdes, parce que si elle est pas là, moi, je te pète les deux bras.. parce que, là, je suis comme un dingue !

PHILIPPE
Ah, ben ouais, mais je... Je vais voir ce que je peux faire !

ANDRÉ
Vaut mieux, ouais... parce que, là, je suis comme un dingue !
Il laisse Philippe méditer sur son futur triste sort...

PHOTO MATEUR

Auteurs : Hervé et Laurent NICOURT

Personnages

André
Fred
Hervé

Pitch

Hervé, qui a pris des photos compromettantes pour André, veut lui mettre la pression. Mais il se rend vite compte qu'il n'est pas à la hauteur. Et, bien sûr, c'est lui qui se retrouve avec la pression.

PROLOGUE

Jean-Claude et Hervé.

JEAN-CLAUDE
Dis donc, c'est bien toi que j'ai vu sur le parking près de l'étang de la Buse ? T'étais planqué dans les buissons avec un appareil photo.

HERVÉ
Gêné – Ouais, c'est un super-endroit pour observer les oiseaux. C'est connu chez les passionnés d'ornithologie.

JEAN-CLAUDE
Pas dupe – Qu'est-ce que t'essayes de m'embrouiller avec tes mots que je comprends pas ! C'est surtout connu chez les passionnés de voyeurologie. T'as tous les couples illégitimes qui viennent tirer dans les bagnoles !

HERVÉ
Hypocrite – Peut-être, mais moi c'est pour les oiseaux que j'y vais ! Et toi, qu'est-ce que tu faisais ?

JEAN-CLAUDE
Ben, comme toi !

HERVÉ
Ah bon, toi aussi... les oiseaux...

JEAN-CLAUDE
Ouais... enfin, c'est surtout pour faire prendre l'air au mien.

HERVÉ
Pas un mot, hein ?

JEAN-CLAUDE
Ah non... cui-cui... petit branlotin, va !

Hervé et Fred.

HERVÉ
Et je m'étais caché là pour photographier les oiseaux, y a plein d'espèces, c'est hyper intéressant.

FRED
Le parking près de l'étang de la Buse ? Là où y a tous les couples qui viennent faire des galipettes ?

HERVÉ
Oui, ben moi, c'est pour les oiseaux ! Et je vois arriver la bagnole d'André avec quelqu'un à côté. Je prends mon téléobjectif, c'est un gros truc pour bien voir les oiseaux...

FRED
Ouais, c'est ça, les oiseaux... et alors ?

HERVÉ
Lui montrant une photo – Alors, clic-clac et voilà !

FRED
C'est qui, à côté... Non, c'est la femme du grand patron !

HERVÉ
Bingo ! Ça, c'est du chaud brûlant !

FRED
Ouais, mais bon, là, ils ont juste l'air de discuter...
Hervé lui en montre une autre.

HERVÉ
Et sur celle-là, tu crois qu'il lui apprend à passer la marche arrière ?

FRED
Oh, c'est chaud, là ! T'en as une autre ?

HERVÉ
Lui en montrant une autre – Ouais, regarde !

Les mêmes.

HERVÉ
Avec ça, moi je le tiens maintenant ! André la grande gueule, je vais la lui fermer ! Et c'est pas son titre d'ex-champion régional de boxe qui va m'effrayer !

FRED
Tu veux le faire chanter ?

HERVÉ
Juste lui faire pousser la chansonnette ! En tant que chauffeur du big boss, il connaît sûrement des petits secrets utiles pour un délégué syndical.

FRED
C'est ce que je dis, du chantage.

HERVÉ
Non, de la redistribution d'avantages. Lui, il a les muscles, moi j'ai la photo. Mais maintenant, ça va être : « Bonjour, monsieur Dumont, au revoir monsieur Dumont et André, au pied ! »

FRED
Hum… attends, on parle bien du même André ? Parce que ça m'étonnerait qu'il se laisse faire comme ça.

HERVÉ
Je le tiens, je te dis ! Mais t'as raison. ***Il lui donne un paquet*** – Garde-moi les négatifs, par précaution. ***Grandiloquent*** – S'il m'arrive malheur, je compte sur toi pour me venger !

FRED
Sarcastique – Ouais, c'est ça, t'as raison… Hé, je l'épouse et, au bout de deux jours, je le fais cocu avec Jean-Claude.

HERVÉ
Heu, Jean-Claude ?

Hervé à la machine, arrive André furieux.

ANDRÉ
Dis donc, petite bite, je rêve ! Tu m'as ordonné de venir te trouver ici ! T'es fatigué de ta gueule, Hervé, tu veux que je te retravaille le portrait à la phalange ?

HERVÉ
Monsieur Hervé Dumont dorénavant ! Et un ton plus bas, bonhomme, ça évitera que je me fâche !

ANDRÉ
Ah, mais moi je demande que ça, que tu te fâches ! Allez, viens, on va aller se fâcher dans le local à poubelles.

Hervé lui donne une photo.

HERVÉ
Jette plutôt un coup d'œil à ça ! Si tu la trouves floue, c'est pas grave, j'en ai d'autres.

ANDRÉ
Très calme – Jolie photo ! Et alors ?

HERVÉ
Eh ben, à partir de maintenant c'est « Bonjour monsieur Hervé Dumont, à vos ordres monsieur Hervé Dumont ». Sinon, le big boss aura quelques photos pour mettre dans son album de famille !

ANDRÉ
Toujours calme – Ah ouais ! Et après ?

HERVÉ
Déstabilisé – Et après ? Ben, tu seras viré !

ANDRÉ
Oui, je sais ! Mais après ?

HERVÉ
Comment ça, après ?

ANDRÉ
Ben après, toi tu continues de travailler ici, puis tu pars tous les jours à 7 heures, sur ton petit scooter, pour rentrer chez toi, toujours par la même route, pendant que moi, au chômage, je m'ennuie, avec mes amis.
Il fait craquer ses doigts – Mes amis du club de boxe.

HERVÉ
Ah oui… *Il réfléchit deux secondes et lui tend les photos* – Bon, allez, garde-les, c'est cadeau…

ANDRÉ
Non, garde-les ! Je préfère que ce soit toi qui les aies. Comme ça, je sais qu'il n'y aura pas de fuite… enfin, on espère, hein monsieur Hervé Ducon !

HERVÉ
Salut Dédé… *Craintif* – Ah, monsieur André, monsieur André…

ÉPILOGUE

Fred et Hervé.

FRED
C'était évident que tu ne l'aurais pas comme ça, André !

HERVÉ
Tu m'étonnes, c'est moi qui pète de trouille maintenant ! D'ailleurs, rends-moi les négatifs, je vais tout détruire par précaution.

FRED
Ah non, t'es fou, ça peut quand même servir pour faire pression !

HERVÉ
Mais non, je viens de t'expliquer que ça ne l'impressionne pas. C'est pas à lui que ça fout la pression, c'est à moi !

FRED
Ben ouais, c'est ce que je dis, c'est utile.

HERVÉ
Fred !

FRED
Madame Fred, s'il te plaît, hum... café !

HERVÉ
Lui donnant un café – Attention, il est chaud...

FRED
Lui redonnant le café – Trop chaud...

Hervé tente de le boire mais il se brûle sans oser dire quoi que ce soit.

CHRISTIAN, CLOCHARD

Auteurs : Alain BOUZIGUES et Jean-Pierre PASCAUD

Personnages
Guest : (Christian), clochard
Hervé
Jean-Claude

Pitch
Christian, un clodo crado, a dormi dans la boîte. Jean-Claude et Hervé le trouvent le matin. Il semble que Christian ait fait un bon bout de chemin avant de finir dans les toilettes de l'entreprise.

PROLOGUE

Tôt le matin, Jean-Claude et Hervé arrivent. Jean-Claude va aux toilettes. Il ouvre la porte et crie de surprise.

JEAN-CLAUDE
Ah ! mais qu'est-ce que c'est ? Oh la trouille ! Hé ! Qu'est-ce que ça fout là, ça ?

GUEST
Hurlant, hors champ – Je dors, merde !

JEAN-CLAUDE
Véver, viens voir, y a le clodo du square !

HERVÉ
Cri-cri ? ***Il rejoint Jean-Claude*** – Mais, heu... T'as pas le droit de dormir ici... C'est pas un hôtel...

GUEST
Ça va, ça va ! Je me lève... ***Un homme apparaît à la porte, maigre et gris, une couverture sale sur les épaules*** – Quelle heure qu'il est ?

HERVÉ
9 h 30.

GUEST
9 h 30 ? Oh putain, vous faites chier : je bosse pas, moi...

Dans la foulée, les mêmes. Le guest s'approche de la machine, boitant et se grattant avec énergie.

GUEST
Saloperie de vie de merde. Z'auriez pas une pièce, j'ai pas de monnaie...

HERVÉ
Bon, d'accord, on te paye un coup et tu files.

JEAN-CLAUDE
Mauvais – Ouais, parce que les vigiles, ici, c'est pas des tendres !

HERVÉ
Alors : café, thé, chocolat ?

GUEST
Ben, les trois...

JEAN-CLAUDE
Hein ? Les trois ?

GUEST
Ben oui, les trois ! Cette blague ! Je vis dans la rue, moi ! ***Hervé commande une boisson*** – J'ai pas cours de danse à 17 heures et Rotary derrière.

HERVÉ
Ben, nous non plus... On bosse, c'est tout.

GUEST
Ah, ah ! vous avez pas l'air exténués...

JEAN-CLAUDE
C'est pas toujours facile, Cri-cri... mais bon, quand on te voit, on s'aperçoit... ben, qu'on a de la chance, quoi... enfin tu...

GUEST
Prenant son café – Content de servir... Je suis si moche que ça ?

HERVÉ
Mais non, pas du tout, t'es très bien... Dans ton genre, t'es... Allez, je te fais une soupe ?

GUEST
Y a des croûtons ?

Les mêmes.

GUEST
Et ça fait cinq ans que ça dure !

HERVÉ
Dis donc, quel parcours ! On savait pas, on avait jamais parlé ensemble... Mais comment ça a commencé ? T'avais tout, toi, boulot, famille, pognon...

GUEST
À cause d'une Fuego.

JEAN-CLAUDE
Ah ouais, super-bagnole. J'en ai eu une avant. J'adore ! T'as été pilote, toi ?

GUEST
Non, piéton. Un pourri m'a fauché sur un passage clouté et s'est tiré.

JEAN-CLAUDE
Qui vire au blanc – Ah bon ?

GUEST
Ouais, une Fuego rouge avec une bande blanche qui m'a laissé infirme sur le bas de la route. ***Cette fois, c'est Hervé qui pâlit*** – Après... Comme j'étais à mon compte, j'ai plongé. Deux ans d'hôpital, ma femme qui me lâche...

HERVÉ
Putain... Et ça se passait où ?

GUEST
Juste à côté, rue Fernand-Levreau. J'oublierai jamais.

JEAN-CLAUDE
La vache... Rouge avec une bande blanche, t'es sûr ?

GUEST
Ouais, pourquoi ? T'en connais une ?

JEAN-CLAUDE
Non, non, justement je me demandais, et ça me dit rien du tout.
Et toi, Véver ?

GUEST
Pareil... La tienne était... jaune, ça, je m'en souviens...

JEAN-CLAUDE
Jaune, c'est ça ! Oui oui, jaune...

GUEST
Jaune, mais alors..

Les mêmes.

JEAN-CLAUDE
J'adore le jaune. Maintenant je me suis calmé, mais, à l'époque, j'avais tout en jaune... fringues, bagnole, vélo, les dents aussi. Ha ! le jaune et moi...

HERVÉ
Heu, ouais, on a compris Jean-Claude, t'étais jeune, t'étais fou, t'étais jaune...

GUEST
Je vais vous dire, je reste dans le coin, je raconte mon histoire à tout le monde, je le retrouverai.

JEAN-CLAUDE
Non, faut pas, faut oublier... Tu le retrouverais, ça changerait quoi ?

GUEST
Ah ben, je le tue direct. Je le désosse, cette enflure... J'ai pas raison ?

HERVÉ
En un sens, si ! Mais si le gars en question t'aidait à refaire ta vie ?
Jean-Claude fait non derrière – Hein ? Qu'il te file 10 000 euros ?
Jean-Claude va discrètement décrocher l'extincteur – Hein ? Ou 5 000 ?

GUEST
Ah non, moi je veux tout ce qu'il a, cet enculé. Sa vie contre la mienne...

Jean-Claude vient se placer derrière le guest et le frappe sur le crâne.

Les mêmes. Le guest est au sol, évanoui.

HERVÉ
Mais qu'est-ce que tu fabriques ?
Jean-Claude se jette sur le téléphone.

JEAN-CLAUDE
J'appelle la sécurité pour qu'elle le jette dehors.

HERVÉ
Mais pourquoi ? Il t'avait pas reconnu !

JEAN-CLAUDE
Mais pour qu'il revienne jamais ouvrir sa gueule ! Tout le monde s'en souvient, ici, de ma Fuego Starky et Hutch, bordel !

HERVÉ
T'as raison, j'y avais pas pensé ! Hé... T'as encore le poster dans ton bureau, avec nous deux sur le capot !

JEAN-CLAUDE
Allô ? La sécu ? Alors là, bravo, vous avez laissé passer un clodo et il est en train d'attaquer tout le monde au cinquième ! Moi, je l'ai ceinturé mais c'est pas mon boulot. Je suis commercial, merde !

On entend le clochard gémir au sol.

HERVÉ
Je m'en occupe, je m'en occupe...

Il prend son élan pour lui en remettre un petit coup.

ÉPILOGUE

Plus tard. Jean-Claude et Hervé.

HERVÉ
Putain, y en a qu'ont vraiment jamais de chance..

JEAN-CLAUDE
Pas le mauvais bougre, en plus, hein ?

HERVÉ
Ouais. Tu sais, quand les pompiers l'ont emmené, j'ai voulu faire un petit geste… je lui ai glissé un billet dans la fouille… Bof, histoire de…

JEAN-CLAUDE
Ah merde, c'était le tien ? T'aurais dû me dire, Véver, je suis désolé, j'aurais su… ***Sortant un billet de cinq*** – Je te le rends ou… ?

HERVÉ
Lui prenant le billet des mains puis se ravisant – C'était un billet de 20, Jean-Claude…

JEAN-CLAUDE
Ah bon ?

LE BLUES DU QUADRA

Auteurs : Hervé et Laurent NICOURT

Personnages

Hervé
Jean-Claude
Serge

Pitch

Atteint par le démon de midi, Jean-Claude veut larguer sa femme. Serge tente vainement de le raisonner avec de beaux arguments de psychologue mais c'est Hervé qui y arrive avec des arguments pratiques.

PROLOGUE

Serge et Jean-Claude.

JEAN-CLAUDE
Content de lui – Attends, regarde, je fais pas encore vieux, hein ? Bonne tenue, bonne gueule, franchement, je trouve que je fais jeune pour mon âge.

SERGE
C'est bien la preuve que t'es vieux.

JEAN-CLAUDE
Surpris – Quoi ?

SERGE
Quand t'es content de faire jeune, c'est que t'es vieux. Parce que faire jeune, c'est pas une préoccupation de jeune. ***Il s'en va*** – Allez, salut mon vieux !

JEAN-CLAUDE
Rien compris... Il est con, lui, alors... Hé !

Jean-Claude est à la table, il écrit une lettre péniblement quand arrivent Serge et Hervé qui continuent une discussion.

SERGE
Et le problème, c'est que tout le monde croit s'y connaître en psychologie.

HERVÉ
Salut Jean-Claude ! Hou là, tu fais des pages d'écriture ! Et c'est qui le malheureux qui va se pourrir les yeux à lire tes pattes de mouches ?

JEAN-CLAUDE
C'est pour ma femme. On n'arrive plus à se parler, la communication passe plus. Je lui écris, elle comprendra mieux.

HERVÉ
Pour te comprendre, faudrait déjà qu'elle arrive à te lire. ***Il se penche sur la lettre*** – C'est de l'hébreu ou du japonais ?

SERGE
C'est bien, ça, Jean-Claude... Écrire, c'est une bonne méthode pour renouer le contact. Beaucoup de ruptures seraient évitées si les gens faisaient cet effort. Ce que tu fais, c'est le premier pas vers le renouveau de ton couple.

JEAN-CLAUDE
Ça, pour être nouveau, il sera nouveau.

SERGE
Tu lui offres de partir sur de nouvelles bases…

JEAN-CLAUDE
De se tirer tout de suite, ouais ! Je demande le divorce !

Les trois mêmes.

JEAN-CLAUDE
Ben ouais, j'étouffe dans mon couple. C'est boulot, baston, dodo. Même le cul, c'est plus ça. Et quand je vois toutes ces minettes dans la rue, je me dis que c'est maintenant que je dois en profiter.

HERVÉ
En allant aux toilettes – Mais t'as raison, te fais pas chier… et j'y vais, moi, d'ailleurs…

Serge écarte Hervé avec autorité. À partir de ce moment, vexé, il va se mettre en recul et se contenter de sourire de manière goguenarde à ce que dit Serge.

SERGE
Jean-Claude, tu te rends compte que tu vas balayer d'un geste des années de vie commune ?

JEAN-CLAUDE
Des années d'engueulades, ouais. Les seules fois où on reste une semaine sans se chicorer, c'est quand je suis en déplacement. Et à condition de pas se téléphoner !

SERGE
Mais ça fait partie de la vie du couple ! On s'engueule, on se réconcilie, attraction, répulsion, c'est le piquant du quotidien !

JEAN-CLAUDE
T'as rien compris, Serge ! Moi, ce que je veux, c'est vivre à fond de cinq ! Je veux me sentir jeune, je veux que ça palpite dans mon éminence, tu comprends ? Je l'emmerde, moi, la routine !

SERGE
Mais, Jean-Claude, on ne peut pas toujours vivre comme un adolescent… Va falloir penser à mûrir un peu !

JEAN-CLAUDE
Justement, avant d'être vraiment trop mûr, tant que j'ai les noyaux qui

fonctionnent, j'aimerais bien me réveiller chaque matin à côté d'un petit fruit vert… d'un… d'un petit abricot… c'est bon, l'abricot !

HERVÉ
Sortant des toilettes – C'est bien, j'adore…

Les trois mêmes, un peu plus tard.

SERGE
Jean-Claude, je sais plus quoi te dire mais je te garantis que tu vas faire une énorme connerie !

JEAN-CLAUDE
M'en fous, je tente. J'ai rien à perdre !
Hervé, qui s'était contenté d'écouter, goguenard, jusqu'à présent, s'approche.

HERVÉ
C'est bon, Freud, t'as fini, je peux parler maintenant ? ***Il prend le crayon, la lettre qu'il retourne pour écrire dessus*** – Voilà ton salaire. Enlève la pension de ta femme, celle des enfants, les traites de la maison et de la bagnole, qu'elle va garder. Reste ça ! Ensuite, pour draguer, faut des moyens. Boîte à la mode, resto, cadeaux, gros budget. Surtout avec les jeunes, ça sort tous les soirs… Donc je retiens ça. Voilà. À moins d'une augmentation de 250 % de ton salaire, ce qui t'attend au mieux chaque soir c'est retour en bus et branlette dans un studio minable…

Jean-Claude regarde le papier, songeur.

JEAN-CLAUDE
J'avais pas vu ça comme ça.

Hervé prend la lettre et l'enveloppe et fait mine de les jeter.

HERVÉ
Alors, ta lettre, je jette ou je poste ?

JEAN-CLAUDE
Jette, mon Véver ! Merci, t'es vraiment un pote ! J'allais faire une belle connerie, moi… Viens, je te paye un coup au Balto…

Ils s'en vont ensemble mais, avant de partir, Hervé tape sur l'épaule de Serge.

HERVÉ
Tu viens pas avec nous, Gérard Miller ? Non ? Bon, ben, on boit un coup à ta santé…

SERGE

Faisant craquer ses doigts –Je vais me le faire...

ÉPILOGUE

Serge et Hervé.

SERGE

C'est normal que les femmes te repoussent. Y faut faire plus attention à la psychologie féminine. La séduction, c'est comprendre le désir de l'autre et non pas se laisser guider par son envie... plutôt deviner celle de l'autre, tu vois. Suis mon conseil, c'est le psychologue qui parle...

HERVÉ

Ah oui, le psychologue ! Celui qui se prend une veste par semaine avec Jeanne, hein ? C'est bien du même qu'on parle ? Je sais pas, je me rends pas compte... à plus tard...

Il s'en va.

SERGE

Je vois pas le rapport... Je l'aurai, je l'aurai.

COMBAT POLITIQUE

Auteurs : Alain BOUZIGUES et Jean-Pierre PASCAUD

Personnages

André
Figurants
Hervé
Jean-Guy
Philippe
Vince

Pitch

Vince a du mal à se positionner sur le plan politique...
Jean-Guy et Hervé veulent l'aider à y voir plus clair...

PROLOGUE

André et Philippe.

PHILIPPE
T'as vu, c'est bientôt les élections. ***Silence*** – Ça t'intéresse pas, la politique, André ?

ANDRÉ
Silence – M'en fous. Tu veux savoir pour qui je vote ?

PHILIPPE
Heu, oui, je veux bien...

ANDRÉ
Mais imagine qu'on vote pas pour le même, qu'on cause, ça va coincer, forcément. À ton avis, c'est qui le con qui va finir encastré dans le mur derrière toi ?

PHILIPPE
Je t'ai pas dit : pour les vacances, je pars en Camargue... Tu connais, non ?

Jean-Guy, Hervé et Vince boivent un coup, tranquilles.

VINCE
Eh, quel bordel, les élections ! Moi, ça me fait marrer...

HERVÉ
Ah ouais, et c'est quoi, exactement, qui te fait rire ?

VINCE
Bof, tout... Comment les gens en parlent... Moi, j'y connais rien.

JEAN-GUY
Vous devriez vous intéresser, mon garçon. L'affaire est d'importance.

VINCE
Ouais, sûrement, Jean-Guy, vous avez raison... Faut voter pour qui à votre avis ?

JEAN-GUY
Je vous le dirais volontiers, mais l'endroit ne s'y prête guère. Hé, hé, hé...

HERVÉ
Oui, ça fait plusieurs années qu'on a décidé de plus parler de politique dans l'entreprise. Hé, hé, hé...

JEAN-GUY
Oui, ça va faire sept ans exactement, hé, hé, hé... ***En regardant Hervé*** – Que voulez-vous, mon cher Vincent, il y a des gens qui ne savent pas perdre...

HERVÉ
Lui rendant son regard – Vous, vous savez, tant mieux... Dans peu de temps, ça va vous servir.

VINCE
Je comprends rien, mais c'est délire en tout cas...

HERVÉ
Ah, ah, ah... nous, on se comprend...

Les deux se jaugent et Vince découvre dans quoi il a mis les pieds.

Les mêmes.

VINCE
Non, mais moi je disais ça comme ça...

JEAN-GUY
Mais il n'y a pas de problème, Vincent, vos questions sont naïves mais respectables.

HERVÉ
Tu t'informes, mon grand, c'est normal ; mais c'est vrai que ça vaut mieux qu'on n'en parle pas, hé, hé...

JEAN-GUY
Oui, il faut raison garder, surtout quand on voit la bassesse des attaques proférées par certains...

HERVÉ
Tout à fait d'accord ! Il est où, le débat d'idées, hein ? Avec toutes ces saloperies, les affaires qui traînent... mais on va tout nettoyer, nous !

JEAN-GUY
Attendez, attaquer un homme dans sa vie privée, c'est autre chose, c'est inique ! Vous êtes d'accord, Vincent ?

VINCE
Hein ? Moi ? Heu... Oui.

HERVÉ
Attention, fais gaffe, t'es en train de cautionner un système qui t'écrase un peu plus chaque jour !

VINCE
Juste en disant oui ?

JEAN-GUY
Bravo, Vincent, vous avez tout compris, on ne peut jamais discuter avec ces gens-là ! Au premier mot, vous avez tort ! Ce sont tous des sectaires, des rigides.

VINCE
De toute façon, moi, je vote pas. Alors, c'est cool...

HERVÉ
Ah non, c'est pas cool ! Pas cool du tout !

JEAN-GUY
Vous avez tort !

Les mêmes.

JEAN-GUY
Il faut voter, vous le devez à la collectivité, donc il faut choisir.

VINCE
Ouais... À la limite, je serais plutôt écolo... Ça me plairait des plages propres...

HERVÉ
Retenant Vince qui veut se sauver – Ouais, à la limite... Mais y a pas que le sable et la bouffe bio dans la vie... Y a peut-être des trucs plus urgents à régler que ces délires de bobos, non ?

JEAN-GUY
Nous, mon petit Vincent, nous sommes pour une écologie humaniste...

HERVÉ
Je vous en prie, Jean-Guy, un peu de pudeur... Quand on voit dans la merde où vous êtes... Votez marron, ouais !

JEAN-GUY
Et voilà, toujours pareil. Vous entendez, Vincent ? C'est le caniveau qui parle !

VINCE
Ah non, mais moi, là-dessus, je dis rien.

HERVÉ
Et t'as bien raison, faut pas répondre. Faut jamais discuter avec les fachos...

JEAN-GUY
Qu'est-ce que vous avez dit, là ? Vincent, vous avez entendu, vous êtes témoin ? Il m'a traité de fasciste ! Vous avez de la chance que je sois un homme du monde !

HERVÉ
Sinon ?

JEAN-GUY
Sinon, je vous en collerais volontiers une ! Ça, c'est sûr !

HERVÉ
Oh ! comme y a sept ans ? Avec le lumbago après ?

Jean-Guy se jette sur Hervé, mais est retenu par Vince.

HERVÉ
Mais viens, viens !

ÉPILOGUE

André retient Hervé et Jean-Guy. Vince se sert un café.

JEAN-GUY
Immonde petite frappe ! Crypto-stalinien de merde !

HERVÉ
Poujadiste de mes deux ! T'étais où en 68, toi ?

JEAN-GUY
Dans le bon camp ! On a gagné ! On leur a mis dans le cul, profond, aux gauchistes à la con !

HERVÉ
CRS, SS ! CRS, SS !
André perd patience et les lâche... Hervé et Jean-Guy se poursuivent jusqu'aux toilettes où ils entament un pugilat... André se dirige vers Vince.

ANDRÉ
Dis-moi... Qu'est-ce que tu leur as raconté ?

VINCE
Bah, attends, j'ai juste posé une question... Pas cool...

BONNE ÉTOILE

Auteurs : Hervé et Laurent NICOURT

Personnages

Hervé
Jeanne
Serge

Pitch

Serge tente de profiter de la passion de Jeanne pour l'astrologie afin d'essayer de se placer. Après un bon début, sa méconnaissance du sujet le grille de manière inattendue.

PROLOGUE

Jeanne est plongée dans un magazine, Hervé met une pièce.

JEANNE
Ben dis donc, t'es Scorpion, toi, il est pas joli ton horoscope, toi, t'as de quoi t'inquiéter cette semaine !

HERVÉ
Attends, Jeanne, je vais pas flipper parce qu'un scribouillard a écrit des conneries dans ton canard débile. Mon destin c'est moi qui me l'écris, à la force du poignet.

Pendant ce temps, Jeanne a continué à lire.

JEANNE
Ah non, je me suis trompée de signe ! En fait, pour les Scorpions, c'est super bon !

HERVÉ
Radouci – Ah bon, fais voir !

Jeanne est à une table en train de lire un magazine. Serge arrive et, en la voyant, prend un air enjoué.

SERGE
Bonjour Jeanne, bon horoscope ?

JEANNE
Le nez dans son magazine – Pas vraiment, pour les Sagittaire du premier décan comme moi, c'est pas une bonne journée... C'est quoi ton signe, toi ?

Serge lève les yeux au ciel, hésite, puis son regard s'allume.

SERGE
Mon signe... tu devrais le deviner. C'est le signe qui va bien avec... les Sagittaires. Tu vois de quoi je parle...

JEANNE
Ravie – T'es Capricorne ? C'est super ! ***Réalisant soudain*** – Mais dis-moi, tu crois à l'astrologie, toi ? Un psychologue !

SERGE
Tu sais, Jeanne, là où s'arrête la science, le mystère commence et, très souvent, les grands scientifiques sont des grands mystiques. La lune a une

influence sur certains malades mentaux. Alors pourquoi les planètes n'agiraient pas sur nos vies ?

JEANNE
Ravie – C'est ce que je dis toujours !

SERGE
Et parfois, effrayé par l'inconnu, l'homme de science se raccroche aux étoiles.

JEANNE
Complice – Ça, c'est tout le caractère du Capricorne !

Serge sourit aux anges.

Jeanne et Serge. Une complicité s'est installée. Serge se voit arriver à ses fins.

JEANNE
Complice – Et en plus, je te calculerai tes chiffres pour te faire ton astro-régime, tu verras, c'est super efficace. D'ailleurs, c'est quoi, ton ascendant ?

SERGE
Mon ascendant… mon ascendant…

JEANNE
Ben oui, ton ascendant ! Tu es né à quelle heure ?

SERGE
Minuit… ou minuit et demi.

JEANNE
Minuit ou minuit et demi ? Parce qu'à une demi-heure près, c'est pas le même ascendant. Minuit et demi c'est… *Calculant* – Ascendant Scorpion, comme moi, alors que minuit…

SERGE
Sautant sur l'occasion et lui coupant la parole – Ben, c'est ça, comme toi, Scorpion, enfin minuit et demi, quoi !

JEANNE
Déçue – Oh ça, c'est dommage !

SERGE
Surpris et inquiet – Mais pourquoi, c'est bien, on a le même ascendant !

JEANNE
Fataliste – Oui, mais pas le même signe ! Et avoir le même ascendant mais pas

le même signe, c'est ce qu'il y a de pire. Ça marchera jamais, nous deux ! À une demi-heure près, c'est ballot !

Les mêmes.

SERGE
Désespéré – Attends, c'est quand même pas une demi-heure de différence qui va influer sur le fait que nous, que toi et moi… Y a qu'à dire que je suis né à minuit !

JEANNE
Ah non, Serge, l'astrologie est une science exacte. Non, je suis désolée, mais un Capricorne ascendant Scorpion, ça n'a rien à faire avec un Sagittaire.

SERGE
Désespéré et plaintif – Mais enfin on y était presque, tous les deux…
S'énervant – Merde, c'est idiot… On s'en fout de… *Entre ses dents* – L'astro de mes deux, hein ?

JEANNE
Froide – Qu'est-ce que tu dis ?

SERGE
Inquiet – Non… euh… attends !

JEANNE
Ah ouais, j'ai compris ! Tu m'as bien prise pour une conne !
Le montrant du doigt – En fait t'es… t'es un Bélier, tes réactions, c'est typiquement Bélier ! Et tu m'as menti parce que tu sais que le Sagittaire déteste le Bélier. Malhonnête !
Elle s'en va, offensée, laissant Serge fou.

ÉPILOGUE

Serge lit un livre, Jean-Claude arrive derrière et jette un coup d'œil dessus avant que Serge ne le referme précipitamment.

JEAN-CLAUDE
Ironique – *Astro Mag*, tu crois à ces conneries, toi ?

SERGE
Ah non, non, c'est Jeanne qui l'a oublié…

JEAN-CLAUDE
Ah ouais ?

SERGE
Je vais le lui ramener...

JEAN-CLAUDE
Reprenant le même ton – Ouais, ouais... pas facile de lui mettre un coup, à Jeanne, hein ?

SERGE
Crétin !

JEAN-CLAUDE
Remarque, passer par les étoiles pour lui mettre un coup dans la lune, c'est logique ! Hé hé hé.

CHASSE À COURRE

Auteur : Frédéric LE BOLLOC'H

Personnages
Hervé
Jean-Claude
Jean-Guy
Jeanne

Pitch
Un lion s'est échappé du zoo...

PROLOGUE

JEANNE
C'est quand qu'on change de moquette, Jean-Claude ? Il serait temps...
Dégoûtée – Je suis sûre que c'est un nid à petites bêtes...

JEAN-CLAUDE
Un nid ? Tu plaisantes, ma pauvre Jeanne, c'est une véritable galaxie de saloperies qu'il y a sous nos chaussures !

JEANNE
Voix blanche – Ah bon ?

JEAN-CLAUDE
T'as vu comment elle est élimée, la moquette ? Elles ont tout brouté, ces saloperies de bestioles. Tiens, maintenant, si ça se trouve, elles sont en train de s'attaquer à tes semelles de chaussure !

JEANNE
Sautant dans les bras de Jean-Claude – Ça me pique ! Ça me pique !

JEAN-CLAUDE
Jeanne dans ses bras et soufflant comme un bœuf – Attends, attends...
Il part comme un fou en hurlant avec Jeanne dans les bras – Je t'emmène dans mon bureau...

Jean-Claude est à la machine. Hervé sort de l'ascenseur, agacé.

JEAN-CLAUDE
En regardant sa montre – Panne d'oreiller, mon salaud...

HERVÉ
Tu parles ! Deux heures que je suis resté bloqué au carrefour des Brugnolles ! En plus, j'ai oublié mon portable, impossible de prévenir...

JEAN-CLAUDE
Oh, oh, le petit joueur... t'as pas mieux comme salade, ah, ah...

HERVÉ
Attends, c'est vrai !... Tu sais pourquoi, on est resté bloqué au carrefour ?

JEAN-CLAUDE
Je sais pas, le concert des Beatles peut-être, ah, ah...

HERVÉ
À cause d'un lion qui s'est échappé du zoo ! Tu le crois, ça... Ils ont évacué le centre-ville, ville morte...

JEAN-CLAUDE
Tu déconnes ?

HERVÉ
Je t'assure, Jean-Claude. Tous les chasseurs sont de sortie, ils veulent l'abattre avant midi... parce qu'après, ça m'étonnerait que le lion se contente de corn-flakes...

JEAN-CLAUDE
Tous les chasseurs, tu dis ?

HERVÉ
Ah bah, s'il en manque un, faut me le dire...

JEAN-CLAUDE
Éjectant Hervé d'un coup d'épaule – Ouais ! moi !

Où l'on retrouve un Jean-Claude habillé mi-chasseur, mi-pêcheur et Hervé.

HERVÉ
Oh, il est beau, le Tartarin !

JEAN-CLAUDE
Flasque à la main – Je vais me le taper, le roi de la jungle.
S'avalant une rasade – Je garderai la tête pour l'empailler... dans mon living, ça va taper la classss...

HERVÉ
C'est sûr, ton living, il est tellement beau...

JEANNE
Déboulant, affolée – Vous savez pas la nouvelle ? Le lion du zoo se serait échappé... disparu dans la nature ! Je l'ai entendu dans le transistor...

HERVÉ
Mais enfin, Jean-Claude, tu vas quand même pas chasser un bestiau de 500 kilos ? À force de tourner dans sa cage, il est peut-être devenu neurasthénique... mais ça reste quand même plus vorace qu'un mulot !

JEANNE
Moi, je l'aime bien, ce lion. Je vais souvent le voir au zoo. Il louche comme Clarence...

JEAN-CLAUDE
Je vais lui régler son problème de vue, moi, à l'évadé du zoo... un troisième œil à la 22 qu'y va manger en pleine face, ah, ah...
Son portable sonne.

JEANNE
À Hervé – Qu'est-ce qu'il veut faire exactement habillé en David Crockett ?

HERVÉ
Des conneries !

JEAN-CLAUDE
Au téléphone :
– Salut, Gégé.
– (...)
– Si je suis au courant du safari qui se prépare ? Ah bah, devine, ah, ah...
– (...)
– Bon, on se retrouve au Balto... rassure-moi, Gégé... t'es sobre, là ? Non, mais vas-y, souffle...
Il renifle son portable.

Où l'on retrouve Jean-Claude, Hervé et Jeanne.

JEANNE
Tapant de ses petits poings sur le torse de Jean-Claude – Je t'interdis de toucher à cette pauvre bête traquée, Jean-Claude !

HERVÉ
Qu'il aille se faire bouffer un bras si ça lui chante... mais compte pas sur moi pour te mettre la serviette autour du cou à la cantine.

Arrivée de Jean-Guy...

JEAN-CLAUDE
Bon, c'est fini, les jérémiades... je peux y aller ?

JEAN-GUY
À Jean-Claude – Où vous allez comme ça, mon ami ?

HERVÉ
Goguenard – Dis-lui que tu vas décorer ton living...

JEAN-GUY
Il est hors de question que vous quittiez votre poste de travail, mon petit Jean-Claude. La gendarmerie a bouclé le secteur, aucun civil n'est autorisé à sortir jusqu'à nouvel ordre. ***Narquois en jugeant sa tenue*** – Ainsi que les clowns…

JEAN-CLAUDE
Mais, attendez, Jean-Guy, laissez-moi ma chance ! Vous imaginez la photo dans les gazettes. ***Prenant la pose*** – Un pied sur la bête, le flingo en bandoulière et le nom de la boîte qui se détache derrière ?

JEAN-GUY
C'est séduisant, je vous l'accorde…

JEAN-CLAUDE
Bon, ben, faut que… j'y vais…

JEANNE
Suivant Jean-Claude qui s'en va – Assassin !

HERVÉ
Mais enfin, Jean-Guy, vous vous rendez compte de ce que vous faites ? Il va se faire dévorer !

JEAN-GUY
Depuis le temps que je cherche à me débarrasser de cet ostrogoth…

HERVÉ
Ce serait un licenciement net et sans bavure, c'est ça ? Vous êtes vraiment une crapule…

JEAN-GUY
Que voulez-vous… je suis de la race des prédateurs, moi ! On est trop ici, beaucoup trop.
Il imite le fauve lorsqu'on entend un bruit de coup de fusil qui les fait sursauter…

ÉPILOGUE

JEAN-GUY
Un journal à la main – Ah, bravo, Jean-Claude ! Vous avez vu la manchette ? «Jean Claude Convenant, cadre commercial chez X»…

JEAN-CLAUDE
Vous avez vu, j'ai quand même préservé l'anonymat de la…

JEAN-GUY
Le coupant – C'est heureux ! « ... a embouti la vitrine de la bijouterie du centre-ville ».

JEAN-CLAUDE
Bah, j'avais plus de chevrotine pour le lion alors j'ai essayé de le shooter au pare-buffle mais c'est joueur, ces gros chats... Et sinon... ***Il lui sort une boîte avec une bague*** – Une petite broche fantaisie pour votre dame, je vous ferai un petit prix...

JEAN-GUY
Lui prenant des mains le bijou – Confisqué, le trophée !
Il s'en va.

JEAN-CLAUDE
En remettant en place sa gomina, on voit qu'il a les doigts pleins de bagues et des montres partout, en or et argent – Eh, de toute façon, je m'en fous, j'en ai plein d'autres !

BONNE POIRE

Auteurs : Hervé et Laurent NICOURT

Personnages
Annie
Jean-Claude
Jeanne
Serge

Pitch
Jean-Claude a invité Annie à venir passer les fêtes de fin d'année aux sports d'hiver avec sa famille. Mais en la questionnant, Serge s'aperçoit que Jean-Claude l'a surtout prise comme bonne à tout faire. Ce qui heurte sa morale.

PROLOGUE

Jean-Claude et Jeanne. Jean-Claude lit un journal de petites annonces.

JEANNE
Tu t'occupes déjà de réserver pour les sports d'hiver ?

JEAN-CLAUDE
Bien sûr ! L'année dernière, on s'y est pris trop tard. J'ai dû y aller en camping-car.

JEANNE
En camping-car ! C'était comment ?

JEAN-CLAUDE
Moyen... Une semaine à dormir en combinaison de ski et à se laver dans le lavabo avec de la neige fondue... sans compter que le chiotte chimique a pété à cause du gel dès le deuxième jour...

JEANNE
Dur...

JEAN-CLAUDE
Ouais, surtout le lendemain... Il a fait beau alors, ça a dégelé...

Serge et Annie à la machine.

SERGE
C'est vrai, ce que j'ai appris ? Jean-Claude vous a proposé de partir aux sports d'hiver avec sa famille pour les fêtes de fin d'année ?

ANNIE
Oui, oui, c'est vrai ! Je suis tout excitée, pensez ! La montagne, la neige, les grands espaces...

SERGE
Alors là... beau geste de sa part ! Vous avez déjà fait du ski, Annie ?

ANNIE
Jamais, ce sera une grande première ! Mais je me suis déjà acheté toute la tenue, la combinaison, les « mone bottes »...

SERGE
Vous allez connaître l'ivresse des cimes, l'émotion de la vitesse, puis le plaisir d'un vin chaud à 4 heures dans un petit restaurant d'altitude.

ANNIE
Ah oui, mais ça, c'est pas pour moi !

SERGE
Mais si ! Pas besoin de bien savoir skier pour aller dans un restaurant d'altitude.

ANNIE
Ah non, c'est pas ça, mais... à 4 heures, j'aurai le goûter des enfants à préparer. Et la montagne, ça leur ouvre l'appétit d'après Jean-Claude...

Les mêmes.

SERGE
J'aurais dû m'en douter ! Vous inviter pour que vous gardiez ses mômes, y a que Jean-Claude pour oser ça !

ANNIE
Ah, mais non ! D'abord je ne garde que les deux petits, ceux qui ne font pas de ski et pas toute la journée. Moi je les garde seulement de 10 heures à 16 heures. Et après, à moi l'ivresse des cimes !

SERGE
Mais ils se moquent de vous, Annie, les remonte-pentes ferment à 16 heures et il fait nuit à 16 heures 30 !

ANNIE
Mais non, Jean-Claude m'a dit qu'on y voyait assez !

SERGE
Ah oui ? Eh ben, proposez-lui d'inverser les horaires et que lui fasse du ski de 4 à 8 pendant que vous gardez les mômes, vous allez voir sa réaction !

ANNIE
Oui, mais c'est pas possible parce que, à 6 heures, j'ai la navette.

SERGE
La navette ?

ANNIE
Ben oui, comme le chalet est petit, ils m'ont pris une chambre dans la vallée. Ça fait un peu de chemin, mais il paraît que la route est superbe.

Les mêmes.

ANNIE
Je me rends bien compte qu'ils abusent un peu mais ce qui est important pour moi, c'est d'avoir de la compagnie pendant les fêtes. À mon âge, on est trop souvent seule !

SERGE
Oui, mais non ! Annie, il faut garder le respect de soi-même !

ANNIE
Résignée – Oui, bon, d'accord. Mais alors qu'est-ce que je vais faire de mes vacances ? Parce que pour trouver quelque chose dans cette période...

SERGE
Mais, Annie, pourquoi vouloir partir pendant les congés scolaires ? C'est bourré de monde ! Partez à un autre moment. Surtout qu'ici, pendant les vacances de Noël, c'est ambiance relax !

ANNIE
Mais j'ai déjà posé mes dates de congé !

SERGE
Je m'en occupe ! Et je vais parler à Jean-Claude aussi !

ANNIE
Vous croyez que je peux lui demander de me rendre le chèque de caution que je lui ai fait pour la réservation du chalet ? Parce qu'il est interdit bancaire, le pauvre...

Tête découragée de Serge.

ÉPILOGUE

Serge rejoint par Jeanne.

JEANNE
Alors, c'est quoi cette grande nouvelle qui peut pas attendre ?

SERGE
Tu vas pouvoir profiter de la semaine au Sénégal proposée par le CE, Annie assurera la permanence de ton poste pendant les fêtes. Et comme ça, on pourra partir ensemble !

JEANNE
Annie ! Mais elle sait qu'elle sera toute seule pendant dix jours ?

SERGE
Je crois, oui... mais tu sais, les vieux, ils ont l'habitude !

JEANNE
C'est génial ! Je vais pouvoir emmener ma mère, elle est toute seule. Elle souffre tellement de la solitude. C'est super...

Serge est anéanti.

BÂTON MERDEUX

Auteur : Frédéric LE BOLLOC'H

Personnages
Hervé
Jean-Claude
Jean-Guy
Nancy

Pitch
Jean-Claude est heureux. Depuis tant d'années, on lui propose enfin un voyage d'affaires à l'étranger…

PROLOGUE

HERVÉ
Nostalgique – Je sais pas pourquoi mais, ce matin, en venant au boulot, j'ai repensé à mon voyage de noces… que du bonheur…

JEAN-CLAUDE
C'est vrai que t'as été marié… raconte, c'était où ?

HERVÉ
Au Mont-Saint-Michel ! Tu sais, là où la mer monte à la vitesse d'un cheval au galop…

JEAN-CLAUDE
Ouais, ouais, ah, ah… Comme ta femme, enfin ton ex… Elle aussi, elle est partie au galop, ah, ah…

HERVÉ
Ça me fait encore mal, Jean-Claude…

JEAN-CLAUDE
Pardon… Vas-y, tape… (***Hervé frappe les abdos de Jean-Claude. Il pleure de plus en plus au fur et à mesure qu'il frappe…***) – Vas-y, vas-y, vas-y, vas-y…

Jean-Claude, en pardessus, est prêt à partir en voyage d'affaires… Il vérifie le contenu de sa valise.

JEAN-CLAUDE
Le nez dans sa valise – Frocs, liquettes, nécessaire de toilette, Aqua Velva…

JEAN-GUY
Alors, Jean-Claude, sur le départ ? Vous savez que c'est Nancy qui a insisté pour que vous la remplaciez… Ne la décevez pas…

JEAN-CLAUDE
Fier – Attendez… ça fait cinq ans que j'attends ce moment… cinq ans que je postule pour l'international ! Cette fois-ci, c'est la bonne. Je vais enfin pouvoir exercer mon talent hors de nos frontières. L'Europe va bientôt devoir apprendre à prononcer mon nom !

JEAN-GUY
C'est courageux de votre part d'aller prospecter en *terra incognita*. Vous… vous connaissez bien le pays de Galles ?

JEAN-CLAUDE
Pas trop non… à part Londres, la capitale !

HERVÉ
Ironique, passant dans le fond – Bon voyage, Jean-Claude !

JEAN-CLAUDE
Merci Hervé ! Oh, ça va être… momérique !

Où l'on retrouve Nancy et Jean-Claude.

NANCY
Oh, c'est rien, Jean-Claude… vous étiez l'homme tout indiqué pour me remplacer au pied levé…

JEAN-CLAUDE
Si, si, Nancy ! Grâce à votre soutien, vous me donnez l'occasion de fouler des terreaux incognito ! ***En désignant sa valise*** – Vous avez vu mon achat pour l'occasion… c'est la valise « classe affaire » avec double fond… pour les dossiers sensibles !

NANCY
Quelle classe…

JEAN-CLAUDE
Et puis, attention, j'ai les menottes ! ***Il sort de sa poche des menottes*** – Ben, oui, il s'agirait pas que les British me barbotent ma valise.
Il s'attache à sa valise – Avec ça, je voyage tranquille… je peux m'endormir au bar !

NANCY
Vous avez l'intention de voyager avec votre bagage sur les genoux ?

JEAN-CLAUDE
Une heure d'avion, je peux tenir.
Il montre, fiérot, sa valise attachée à son poignet…

NANCY
C'est-à-dire que… une fois sur place, vous avez un peu de bus…

JEAN-CLAUDE
Combien ?

NANCY
Six heures…

JEAN-CLAUDE
Ah oui, quand même...

NANCY
Sans compter la traversée...

JEAN-CLAUDE
La traversée ?

NANCY
Oui... la traversée... pour atteindre l'île...

HERVÉ
De l'autre côté, ironique – Bon voyage, Jean-Claude !

JEAN-CLAUDE
À voix basse – Ouais, ouais, merci... ***Tendu, à Nancy*** – Quelle île ?

NANCY
Une petite île au large des côtes du pays de Galles... 102 habitants, une vraie petite carte postale...

JEAN-CLAUDE
Dites-moi, Nancy, ce serait pas un bâton merdeux, ce déplacement, par hasard ?

NANCY
Voyons, Jean-Claude ! Depuis le temps que vous attendiez votre chance sur l'international... je me suis dit que c'était une opportunité pour vous... Vous avez la trempe d'un défricheur, non ?

JEAN-CLAUDE
Sans doute, sans doute...

NANCY
En sortant une enveloppe – Ah, et puis j'ai ça pour vous...

JEAN-CLAUDE
Prenant l'enveloppe, il en sort des photos – Qu'est-ce que c'est ? C'est qui, ces deux brutes avinées ?

NANCY
C'est-à-dire que... Comme sur place, l'infrastructure est encore balbutiante, je vous ai réservé une chambre d'hôte.

Montrant la photo – C'est les propriétaires... J'ai entendu dire qu'elles étaient très hospitalières...

JEAN-CLAUDE
Ah, bon, ces deux monstres, c'est des femmes ?

NANCY
Oui ! Quel physique, hein... Vous verrez, vous serez très bien chez elles... dans leur phare...

JEAN-CLAUDE
Un phare ? Vous êtes en train de me dire que je vais dormir trois soirs dans un phare... trois soirs dans un phare à côtoyer les sœurs Spanghero !

HERVÉ
Bon voyage, Jean-Claude !

JEAN-CLAUDE
Merci...

NANCY
Elle part en se marrant, fière de son coup – À plus tard...

JEAN-CLAUDE
Mais, attendez. Nan...
Il tente de la suivre mais sa mallette attachée à son poignet s'ouvre et va valdinguer contre une table...

ÉPILOGUE

HERVÉ
Alors le pays de Galles... l'île... le phare ?

JEAN-CLAUDE
Vent force 12... des vagues hautes comme la tour Montparnasse... Trois jours coupé du monde...

HERVÉ
Et les sœurs Spanghero ?

JEAN-CLAUDE
On a joué à cache-cache...

HERVÉ
Ah, c'était sympa finalement !

JEAN-CLAUDE
Non, pas sympa... Elles m'ont retrouvé, Hervé... Y a eu mêlée...

HERVÉ
Hou là la... Introduction ?

Jean-Claude fait oui de la tête... Hervé lui montre ses abdos...

HERVÉ
Vas-y, tape...

LES BONNES ŒUVRES

Auteurs : Hervé et Laurent NICOURT

Personnages

Jean-Claude
Jeanne
Maéva

Pitch

En apprenant la bonne fortune de Maéva, Jean-Claude décide lui aussi de devenir altruiste…

PROLOGUE

Jeanne et Jean-Claude à la machine.

JEANNE
Tu te rends compte, Jean-Claude, y a des enfants dans le tiers-monde, ils ne mangent jamais de viande ni de poisson ni même de légumes frais.
C'est terrible !

JEAN-CLAUDE
Ouais, je sais, j'ai le même problème avec mes gosses. Je leur dis pourtant qu'il faut manger un peu de tout mais ils aiment que les chips et les gâteaux.

Jeanne est à la machine quand arrive Jean-Claude.

JEAN-CLAUDE
Dis, elle a gagné au loto, Maéva... Je l'ai entendue causer au téléphone, elle parlait d'acheter une voiture et de changer d'appart ?

JEANNE
C'est pas le loto, c'est le prix de ses bonnes actions !

JEAN-CLAUDE
Putain, elle joue en Bourse et elle nous en fait pas profiter... ça veut dire quoi, ça ?

JEANNE
Mais non, je te parle de générosité. Tu savais qu'une fois par semaine elle allait dans une maison de retraite pour s'occuper de petits vieux sans famille ? C'est pas toi qui ferais ça !

JEAN-CLAUDE
Moi aussi je m'occupe d'un vieux gâteux : mon voisin. Tous les soirs, je pisse sur ses fraisiers pour les arroser. Et tu crois qu'il me dirait merci !

JEANNE
Rigole, va ! Tu verras quand tu seras vieux !

JEAN-CLAUDE
Ouais, bon, ça m'explique pas d'où elle tient tout ce fric. Elle lui a piqué son larfeuille, à son petit vieux ?

JEANNE
Pas du tout, mais figure-toi que y en a un qui l'avait couchée sur son testament et elle a hérité de 15 000 euros.

JEAN-CLAUDE
Incrédule – Non sans blague ! 15 000 euros ?

JEANNE
Ben oui, c'est que des boursiers à la retraite alors... ils ont les moyens. Mais l'argent, ça remplace pas la chaleur d'une famille.

JEAN-CLAUDE
Soudainement très intéressé – Ah ouais... dis-moi, tu crois qu'ils ont encore besoin de monde à sa SPA de petits vieux ? Je pourrais peut être en adopter un ?

Maéva et Jean-Claude.

MAÉVA
Et ta famille, tes enfants ? Sans toi, ils ne seraient pas là !

JEAN-CLAUDE
Oui, bien sûr, mais ça c'est facile, j'ai pas de mérite, ça se fait tout seul. C'est pas comme toi, là, avec tes petits vieux. Ça, c'est chouette !

MAÉVA
Mais rien ne t'empêche de le faire, Jean-Claude.

JEAN-CLAUDE
Tu crois ? Faut pas passer de test ?

MAÉVA
Il suffit de le vouloir. Es-tu prêt pour cet engagement ?

JEAN-CLAUDE
Ah, bien sûr, je demande que ça, moi, d'engager un petit vieux. J'veux dire d'en adopter un... Enfin, lui donner l'amour d'une famille !

MAÉVA
Si tu veux, je peux parler de toi à mon association pour que tu parraines un senior.

JEAN-CLAUDE
Ah ben ouais. Et même un supersenior, s'il faut. Tu peux même m'en choisir un supervieux, même malade. Je m'en occuperai, jusqu'à sa mort.

MAÉVA
Tu es bon, Jean-Claude ! Je m'en occupe tout de suite.
Maéva s'en va et Jean-Claude reste devant la machine.

JEAN-CLAUDE
C'est ça, et tu m'en prends un bien mûr, prêt à tomber... Enfin pas trop vite, hein, qu'il puisse encore tenir un stylo. J'aurai quelques papiers à lui faire signer...

Jean-Claude au portable rejoint par Jeanne.

JEAN-CLAUDE
«Ah oui, bien sûr avec toutes les options... Je passe la prendre à la fin du mois... si tout va bien.»

JEANNE
Hé, Jean-Claude, j'entendais Maéva parler de toi à son association. Rassure-moi, c'est une blague ?

JEAN-CLAUDE
Pas du tout... Pourquoi que je pourrais pas bénévoler un petit vieux ? Vous croyez tous que Jean-Claude a pas de cœur, c'est ça ?

JEANNE
J'espère que c'est bien ça et que c'est pas la perspective d'un héritage...

JEAN-CLAUDE
Dis donc !

Maéva revient en vitesse.

MAÉVA
Jean-Claude, tu vas être content. J'ai appelé pour toi. Comme ils ont déjà trop de bénévoles pour l'association Les boursiers retraités, ils t'ont inscrit aux Petits Compagnons des pauvres.

Jean-Claude fait la tête mais n'ose rien dire devant Jeanne qui, bras croisés et visage sévère, ne le quitte pas des yeux.

MAÉVA
Tu vas vraiment te faire plaisir parce que, eux, ils n'ont rien et ils ont vraiment besoin d'amour. En plus, comme là-bas ils n'ont plus assez de place dans les locaux, les parrains sont chargés de les recueillir chez eux.
T'es content, hein ?

Il va pour refuser mais Jeanne le fixe dans les yeux, vraiment sévère.

JEANNE
Bravo, Jean-Claude !

JEAN-CLAUDE
À lui-même – Pris un petit coup de vieux, moi !

ÉPILOGUE

Jeanne et Jean-Claude.

JEANNE
Alors, Jean-Claude, et ce bénévolat, ça se passe bien ?

JEAN-CLAUDE
Ben, non, ils me l'ont repris, le vieux.

JEANNE
Oh, quel dommage !

JEAN-CLAUDE
C'est surtout dur pour les gosses, parce que c'est eux qui s'en occupaient. Ils voulaient un chien alors je leur avais donné le vieux, pour s'habituer. Ils s'en occupaient bien d'ailleurs, ils le sortaient, ils le faisaient courir, nettoyaient le camping-car.

JEANNE
Le camping-car ? T'as mis le vieux dans le camping-car ? T'as pas fait ça, Jean-Claude ?

JEAN-CLAUDE
Ben si, je l'avais installé là pour qu'il soit tranquille. C'est un peu frais mais il avait son coin à lui, avec ses petites affaires, sa couverture. Et puis il la surveillait la caravane, il se sentait utile. C'est important ça, pour un vieux ! Alors maintenant, va falloir que j'achète un chien. C'est du souci...

CARTES SUR TABLE

Auteur : Frédéric LE BOLLOC'H

Personnages
André
Figurants
Hervé
Jean-Claude
Philippe
Sylvain

Pitch
Après s'être fait pigeonner par Fangio le manouche au Balto, Jean-Claude veut se refaire au bonneteau...

PROLOGUE

JEAN-CLAUDE
Tiens hier, au Balto, j'ai sympathisé avec un manouche… Fangio qu'y s'appelle… un fan de Johnny, tu penses…

HERVÉ
Fangio, tu dis ?

JEAN-CLAUDE
Tu connais ?

HERVÉ
Si je le connais, ah, ah ! Tous les dimanches, il est sur le marché. Il entube des pigeons avec ses trois cartes à la con… deux rouges, une noire, deux rouges, une noire, ah, ah… À croire que les pigeons, ça court les rues…

JEAN-CLAUDE
Et les bistrots…

HERVÉ
Non ?

JEAN-CLAUDE
Si…

HERVÉ
Beaucoup ?

JEAN-CLAUDE
Beaucoup trop…

Hervé fait face à Jean-Claude, une table les sépare. Dessus, 3 cartes.

JEAN-CLAUDE
Deux noires, une rouge… une rouge, deux noires… Où qu'elle est la rouge, où qu'elle est ? ***Retournant la rouge*** – Elle est là, elle est là. Je la replace et cette fois faut se décider, mon petit bonhomme. Deux noires, une rouge, une rouge, deux noires… Où qu'est la rouge ?

HERVÉ
10 euros ! ***Tapotant sa carte*** – Là !

JEAN-CLAUDE
En voyant arriver Philippe – Hé, Philippe, tu joues ? C'est 10 euros la mise, à celui qui trouve la rouge…

PHILIPPE
Faut pas me prendre pour un pigeon, les mecs… Le coup du bonneteau, c'est vieux comme le monde. ***Moqueur*** – C'est toi qui fais le rabatteur, Hervé ?

SYLVAIN
Venant à eux, curieux – À quoi vous jouez, les furieux ?

JEAN-CLAUDE
Pas aux petits chevaux, alors dégage !

HERVÉ
Désignant une carte du doigt – Ici, la rouge !

JEAN-CLAUDE
Retournant la carte choisie par Hervé – Ah, bravo ! Qui passe à la caisse encaisse… 20 euros, bravo Hervé !

SYLVAIN
Je peux jouer ?

Où l'on retrouve Jean-Claude, Hervé et Sylvain. Un petit attroupement se fait autour d'eux.

JEAN-CLAUDE
Deux noires, une rouge… une rouge, deux noires… Où qu'elle est la rouge, où qu'elle est ? ***Retournant la rouge*** – Elle est là, elle est là… Je la replace et cette fois faut se décider, mon petit bonhomme… deux noires, une rouge, une rouge, deux noires… Où qu'est la rouge ?

SYLVAIN
Excité – Là ! ***Il retourne une carte rouge*** – Yes !

JEAN-CLAUDE
En lui donnant un billet – Qui passe à la caisse encaisse…

HERVÉ
On fait une petite pause ? Je t'offre un café, Jean-Claude ?
En aparté – T'arrêtes pas de perdre, fais gaffe, tu joues avec mon fric…

JEAN-CLAUDE
T'es con ou quoi ? J'applique la technique de Fangio, je mets le pigeon en confiance…

HERVÉ
Oui, mais là, il est en confiance… Ça fait cinq fois qu'il gagne… On y retourne ?

JEAN-CLAUDE
Retournant à la table – On y retourne… Alors, attention, toujours partant, Sylvain ?

SYLVAIN
Ça me gêne, Jean-Claude, t'es un peu lent…

JEAN-CLAUDE
Alors, attention, toujours pour 20 euros, deux noires, une rouge, une rouge, deux noires, faut se décider, mon petit bonhomme… Où qu'elle est, la rouge ?

SYLVAIN
Sans hésitation – Là ! *Il retourne une carte rouge* – Yes !

Où l'on retrouve un petit attroupement autour de Sylvain plus Jean-Claude et Hervé devant la machine à café.

HERVÉ
En aparté avec Jean-Claude – Hé, l'abruti, il frime avec ses 300 euros… Quand est-ce que je vois mon retour sur mes 600, moi ?

JEAN-CLAUDE
Relax, partner… *Lui montrant sa manche de veston d'où sort une carte rouge* – Vise un peu, Majax… il reste plus que du noir sur la table…

SYLVAIN
Derrière, tapant sur la table – Le banco, le banco !

HERVÉ
Vas-y Jean-Claude, prends-lui son calbar, à Lucien Jeunesse…

André vient se mêler à l'attroupement.

JEAN-CLAUDE
Un peu de calme… Alors, attention, mesdames et messieurs : deux noires, une rouge, une rouge, deux noires… Où qu'elle est, la rouge ?

SYLVAIN
Ici !

JEAN-CLAUDE
Ici ?

SYLVAIN
Pour 200 euros… le banco !

ANDRÉ
Je rajoute 200...

HERVÉ
Dans ses petits souliers – Mais, heu, André, tu peux pas savoir où est la rouge, t'étais pas là quand Jean-Claude...

ANDRÉ
L'interrompant – Ouais, mais maintenant je suis là... et quand je vois n'a-qu'une-couille suer comme un ravioli-vapeur, je me dis que le gamin a le feeling...

JEAN-CLAUDE
D'abord l'oseille, les loosers !

En tendant son bras pour souligner son propos, une multitude de cartes rouges tombe de sa manche...

ANDRÉ
Tiens, du rouge...

SYLVAIN
En soulevant les trois cartes noires sur la table – Mais c'est de la triche...

ANDRÉ
Non... de l'inconscience... *Hervé tente de s'éclipser mais il est stoppé net par André* – Non, tu restes là...

ÉPILOGUE

Premier plan, mine à la Droopy de Hervé. Derrière, à une table, Jean-Claude et André.

JEAN-CLAUDE
Sans conviction – Une rouge, deux rouges, deux rouges, une rouge...
Où qu'elle est, la rouge ?

ANDRÉ
J'adore ce jeu... *Pointant son doigt sur une carte* – Là...

JEAN-CLAUDE
Non mais, merde, André... c'est pas fair-play, y a que des rouges...

ANDRÉ
C'est ma couleur préférée, vous devriez le savoir...

HERVÉ
Regard noir à Jean-Claude en tendant un billet à André – Merci, Fangio...

ANDRÉ
Voix d'ogre – Encore...

JEAN-CLAUDE
Encore ?

ANDRÉ
Encore...

JEAN-CLAUDE
Deux rouges, une rouge...

CAMÉRA CAFÉ

GRÈVE DE LA FAIM

Auteurs : Hervé et Laurent NICOURT

Personnages
Hervé
Jean-Claude
Jean-Guy
Jeanne
Vince

Pitch
Hervé a des problèmes de poids... il entame une grève de la faim.

PROLOGUE

Jeanne et Hervé devant la machine. Hervé se masse le ventre.

HERVÉ
Trop bouffé, moi, je me sens un peu lourd.

JEANNE
Ben, profite de faire du lard tant que tu peux parce qu'avec le nouveau plan d'austérité de la direction, ça va dégraisser sec.

HERVÉ
Tu crois que je devrais faire un régime ?

JEANNE
T'es pas croyable ! Je te parle licenciements et toi tu me réponds régime ! Bravo le syndicaliste ! C'est vrai qu'à te regarder, on voit qu'elles sont loin, tes années de lutte.

HERVÉ
Oh, mais attends, je vais réagir, moi, je suis pas fini.

JEANNE
Ah ouais, et comment ?

HERVÉ
Eh bien... en faisant une grève, une grève de la faim. Ça fera bien chier la direction et ça me fera pas de mal.

Jean-Guy est à la machine. Derrière lui on aperçoit une forme dans un sac de couchage. Partout il y a des banderoles qui disent : « Grève de la faim : nos revendications ou la mort. »

JEAN-GUY
Mais enfin, Hervé, c'est ridicule, faire une grève de la faim, vous, ici, tout seul.

Le sac de couchage s'agite et la tête d'Hervé, coiffée d'un bonnet, mal rasée, apparaît.

HERVÉ
Tout seul ! C'est ce que vous croyez. J'ai tout le poids du syndicat avec moi, les journalistes sont prévenus, on me fait pas taire, moi, ça va vous péter à la gueule.
Hervé se lève et suit en sautillant dans son sac Jean-Guy qui s'en va au moment où Jean-Claude arrive.

JEAN-GUY
Vous êtes fou, Hervé !

HERVÉ
C'est déjà ce qu'on disait de ceux qui demandaient les congés payés en 36 !

JEAN-CLAUDE
Oh, putain, tu l'as séché, le Jean-Guy !

HERVÉ
C'est ça, la lutte syndicale, mon pote, c'est un combat à mort. Trois jours déjà avec juste une biscotte !

JEAN-CLAUDE
Et tu crèves pas la dalle ?

HERVÉ
Même plus, j'ai dépassé ce stade. La volonté, mon vieux, dure comme de l'acier.

JEAN-CLAUDE
Je suis fier d'être ton pote. Et tu sais quoi ? Avec Vince, tout à l'heure, au lieu d'aller bouffer à la cantine, on va venir te soutenir !

HERVÉ
Oh ça, c'est cool les gars… *El pueblo unido jamás será vencido !*

JEAN-CLAUDE
Ouais, c'est ça… *Viva España !*

Hervé seul.

HERVÉ
Putain que j'ai faim ! ***Il renifle*** – C'est la cantine, ça. Blanquette de veau !

L'ascenseur arrive et Jean-Claude et Vince débarquent. Jean-Claude avec une pizza dont il tient une part à la main et Vince avec un paquet et un nem dans la bouche. En les entendant, Hervé reprend l'air détaché et héroïque.

JEAN-CLAUDE
Levant le poing qui tient la part de pizza – Nous voilà, camarade…

Ils posent tout sur la table alors qu'Hervé s'approche en sautillant.

HERVÉ
Qu'est-ce que c'est ?

JEAN-CLAUDE
Pizza pour moi et bouffe chinoise pour Vince. À la cantine, ils ont pas voulu qu'on monte des plateaux repas, ces chiens galeux, alors on s'est démerdés. *Levant le bras avec la pizza* – Révoloutione !

VINCE
C'est vraiment des bâtards...

JEAN-CLAUDE
Regarde, en hommage à ton courage, j'ai pris ta préférée, une trois fromages. Tu veux goûter, Vince ?

Jeanne qui passait vient féliciter Hervé.

JEANNE
Bravo, Hervé, on est avec toi ! De toute façon, aujourd'hui, t'as rien perdu, c'était infect à la cantine, de la blanquette de veau, beurk.

Elle repart. Vince remarque les yeux d'Hervé qui ne quittent pas la bouffe (à partir de cet instant les deux parlent avec la bouche pleine et Jean-Claude fait des grands gestes avec un morceau de pizza).

VINCE
T'es sûr que ça va, hein ?

Hervé fait une mimique mais Jean-Claude répond avant lui, la bouche pleine.

JEAN-CLAUDE
Oh, Vince, on voit que tu connais pas mon pote Hervé, un vrai héros ! Pourtant, quel quadrille de mâchoires, c'est pas du style à laisser passer une danse... *Toujours à Vince* – C'est plutôt entrée, plat, dessert et roule ma poule, deuxième service ! Quand je pense aux bouffes qu'on s'est fait ensemble ! Hein, Hervé ?

HERVÉ
Moins fier – Ouais... bon.

JEAN-CLAUDE
Toujours à Vince – Et pas n'importe où, hein ! *À Hervé* – Tu te rappelles, Hervé, ce super-restau, L'Oie grasse, ou un truc comme ça. Un confit, mon vieux ! C'était où, déjà ?

HERVÉ
Je sais plus...

Les mêmes.

VINCE
Jetant son nem – Ah, j'en peux plus, c'est dégueulasse…
S'adressant à Jean-Claude – Moi, mon truc, c'est plutôt les brochettes de viande… Mais faut alterner viande maigre, viande grasse, légumes…

Hervé ramasse une petite miette, la porte à sa bouche et montre le plat de Vince.

HERVÉ
Petite voix – C'est quoi, ça ?

VINCE
Des nems au poulet… ***Il continue d'expliquer à Jean-Claude*** – Après, tu saisis la viande…

Pendant qu'ils parlent, Hervé tend une main vers le plat de Vince qui s'en aperçoit et lui enlève.

VINCE
Arrête, t'es fou, tu vas pas craquer, pas après avoir souffert trois jours !

HERVÉ
C'est pas pour manger, c'est pour goûter…

JEAN-CLAUDE
Arrête, si tu craques, on va se sentir coupables. On est venus là pour t'aider, nous.

HERVÉ
Explosant soudainement – Alors, fallait pas venir bouffer devant moi !

JEAN-CLAUDE
Surpris et mécontent – Oh, calmos. Elle est où ta volonté d'acier, monsieur « prêt à mourir pour la cause » ? Ah, tu me déçois, Hervé. ***Il remballe ses affaires et s'adresse à Vince*** – Bon, allez, viens, on remballe ça… il va me couper ma digestion avec sa gueule de crève-la-faim… Ouh là là, je suis triste…

VINCE
Au revoir, camarade !

HERVÉ
C'est ça, cassez-vous et allez bouffer votre merde ailleurs !

Vince, un peu embêté, ramasse les cartons. Jean-Claude lui prend des mains et les jette dans la poubelle.

JEAN-CLAUDE
Laisse, balance ça, je t'invite au restau pour le dessert.

Ils vont vers l'ascenseur mais, à mi-chemin, Jean-Claude se ravise et vient reprendre le sac dans la poubelle.

JEAN-CLAUDE
Attends, je vais jeter ça dehors, il est encore capable de fouiller dans les poubelles, ce crevard.

Resté seul, Hervé sort une baguette chinoise qu'il a subtilisée à Vince... et commence à la lécher.

ÉPILOGUE

Vince et Jeanne sont à la machine.

VINCE
Ça va, ta main ?

JEANNE
Cinq points de suture ! Je sais pas ce qu'il lui a pris, il était comme fou, Hervé. Quand je lui ai proposé un chocolat, il m'a hurlé dessus, traitée de traître et il m'a mordu la main jusqu'au sang.

VINCE
Et lui, ça va ?

JEANNE
C'est plus grave. Tu sais, manger une boîte d'un kilo de chocolats après trois jours de jeûne, c'est mauvais. Lavage d'estomac et tout ça, il l'a senti passer !

VINCE
Mais il s'en sortira ?

JEANNE
Oui, mais il est à la diète pour trois mois !

VOYAGE, VOYAGE

Auteur: Frédéric LE BOLLOC'H

Personnages

Hervé
Jean-Claude
Jean-Guy
Jeanne
Maéva

Pitch

Jean-Claude est sur le point de partir dans les Dom-Tom pour voyage d'affaires.

PROLOGUE

JEAN-CLAUDE
J'aimerais bien bosser sur une plate-forme pétrolière...

HERVÉ
T'es cinglé... C'est sinistre, une plate-forme pétrolière. T'es isolé du monde en pleine mer... Six mois sans voir tes gosses et ta femme... Six mois !

JEAN-CLAUDE
Justement...

Hervé boit un café à une table. Il est rejoint par un Jean-Claude revigoré.

JEAN-CLAUDE
Putain, je te raconte pas... Je sors du brief des commerciaux. La direction a doublé mes objectifs de vente... fois deux ! Va falloir dépoter, je te raconte pas...

HERVÉ
Comment ça, doubler tes objectifs de vente ? Mais elles sont à la masse, les huiles, ou quoi ! Et toi, comme un con, tu dis oui... tu t'exécutes !

JEAN-CLAUDE
Super motivé – Ben ouais... j'aime les challenges, tu comprends ! La compète, ça me fait vibrer...

HERVÉ
N'en revenant pas – Oh le con !... Oh le beau con... Oh quel grand beau con !

JEAN-CLAUDE
Dis donc, le petit gros, il va s'arrêter oui !

HERVÉ
Mais, mon pauvre Jean-Claude, tu viens de signer ton arrêt de mort ! Tu cours tout droit à l'infarctus... tout ça à cause de mecs qui ont que le mot « performance » à la bouche. Performance ! Performance ! Performance !

JEAN-CLAUDE
Exactly, la perfe ! Parce que moi, tu vois, je suis prêt à mouiller la chemise pour le bien de l'entreprise... et j'irai même plus loin... pour le bien de l'économie française !

HERVÉ
Môôô lui, le bien de l'économie française ah, ah... Dis plutôt que tu marches à la carotte, faux-cul ! Qu'est-ce qu'ils te font miroiter à la direction, hein ?

JEAN-CLAUDE

Hautain – L'international. Oui, Mister ! Ah, c'est mon terrain de chasse qui va s'élargir tout d'un coup. Remisée dans la boîte à gants, la carte de France ! Va falloir que je me fasse aux fuseaux horaires, aux *jet lag*... Je vais bientôt voyager en bisenness classiiise !

HERVÉ

Ironique – Super... ton petit plateau repas, ta petite bouteille de rouge, un gros cigare et, en prime, la main au cul à l'hôtesse de l'air...

JEAN-CLAUDE

Parfaitly, les hôtesses de l'air, ah, ah ! Et puis, hé, si le service laisse à désirer, une mandale dans la gueule... comme les rock stars !

Où l'on retrouve Hervé à une table. Jean-Claude, en gabardine cuir, vient le narguer.

JEAN-CLAUDE

Alors le Frankaoui, on boit son petit caoua tristoune ! ***En regardant sa montre*** – Dans moins de douze heures, je serai en train de siroter du punch-coco avec des acras en amuse-gueule... Ah, ah, c'est bonnard, l'international !

HERVÉ

Vert – Tu sais, la Martinique, c'est pas super-super comme patelin... C'est que des terres pelées... Y a beaucoup de misère et puis, les autochtones, ils aiment pas trop les zoreilles, tu sais... ***Doucereux*** – Tu pourrais me ramener du boudin et du rhum ?

JEAN-CLAUDE

Non...

HERVÉ

Colère rentrée – Je te souhaite une bonne petite tornade... y paraît que, là-bas, c'est courant... Normalement, les tornades, on leur donne des prénoms féminins, mais si ça arrive, on pourrait l'appeler Jean-Claude. La « tornade Jean-Claude », dans ta face !

JEAN-GUY

Les rejoignant – Jean-Claude, vous avez fait votre valise ?

JEAN-CLAUDE

Aventurier – Ouais, ho... c'était vite fait. ***Il sort une brosse à dents*** – Je voyage léger... ***En regardant Hervé*** – Pour la crème solaire, je verrai sur place !

JEAN-GUY
C'est-à-dire qu'il y a un contre-temps fâcheux... toutes les compagnies aériennes sont en grève... black-out complet !

HERVÉ
Chantant derrière – « Vas-y, Franky, c'est bon... vas-y, Franky, c'est bon, bon, bon... »

Où l'on retrouve Jean-Guy, Jean-Claude et Hervé.

JEAN-GUY
Je vous sens déçu, mon petit Jean-Claude... *Chaleureux* – Mais vous inquiétez pas ! j'ai chargé Maéva de vous trouver un billet de train pour Bruxelles... Vous attraperez un vol de là-bas, ah, ah...

JEAN-CLAUDE
Narguant Hervé – « Vas-y, Franky, c'est bon... vas-y, Franky, c'est bon, bon, bon... »

MAÉVA
Du fond du couloir – Monsieur Jean-Guy ! Pour les billets de train, ça va pas être possible... le chemin de fer est en grève... black-out complet !

HERVÉ
Chantant un peu plus fort – « C'est comme dans les, c'est comme dans les... c'est comme dans les tableaux du douanier Rousseau ! »

JEAN-CLAUDE
Fermant le bec de Hervé – Eh ben, tant pis, je prends ma Xiantia et je file à Bruxelles. Je l'aurai mon vol pour les îles ! ***Défiant Hervé, il chantonne*** – « Il tape sur des bambous et ça lui fait du bien... »

JEANNE
Au fond du couloir – Oh là là... Vous avez pas entendu les infos dans le poste ? V'là maintenant que les routiers, y s'y mettent. Ils bloquent tous les péages... black out complet...

HERVÉ
Il part en chantant très fort – « Au bal, au bal masqué ho hé, ho hé... »

ÉPILOGUE

JEAN-GUY
Bon ben, voilà votre feuille de route. Sachez que nous avons tiré au sort, hein !

Pas de favoritisme... même si j'ai une petite préférence pour vous, je ne vous le cache pas.

JEAN-CLAUDE
Dépité en regardant sa feuille de route – Bretagne nord, super... les terres, en plus, même pas le bord de mer...

JEAN-GUY
Tentant de le remonter – Très bon climat, la Bretagne, Jean-Claude... beaucoup plus revigorant que la torpeur tropicale d'une quelconque Martinique !

HERVÉ
Au fond en passant – « Cé, Cé, Cé... Célimène... »
Il enchaîne en yaourt créole le tube des Zouk Machine...

JEAN-CLAUDE
En partant – Je vais lui faire bouffer sa compil'! Hervé!

LE COMMERCE ÉQUITABLE

« Quiconque travaille a droit à une rémunération équitable et satisfaisante, lui assurant ainsi qu'à sa famille une existence conforme à la dignité humaine. »

Déclaration universelle des droits de l'homme, 1948, Article 23, alinéa 3

Caméra Café soutient le commerce équitable et s'engage, en partenariat avec l'organisme de certification Max Havelaar, à favoriser la promotion et le développement de produits labellisés dans le cadre de ses licences.

Qu'est-ce que le commerce équitable ?

Le commerce équitable est un partenariat commercial, fondé sur le dialogue, la transparence et le respect, qui vise plus d'équité dans le commerce international.

Le commerce équitable contribue au développement durable en proposant de meilleures conditions commerciales aux producteurs marginalisés, spécialement dans le Sud, et en sécurisant leurs droits.
Pour plus d'information : www.maxhavelaarfrance.org

« Soucieux du respect d'autrui et de la pérennité de notre planète, nous voulons nous engager pour une cause juste, utile et qui rejoint nos valeurs. La notoriété exceptionnelle de la série Caméra Café *en France et à l'étranger, le monde de l'entreprise et ses mœurs qu'elle décrit, nous ont conduits à vouloir partager ce succès dans le cadre d'une action pragmatique, inscrite dans la modernité sociale : le commerce équitable.*
Au-delà de notre implication personnelle à promouvoir cette démarche, notre volonté est d'engager des actions concrètes autour de la marque pour faire de Caméra Café *un des ambassadeurs du commerce équitable en France et dans les pays où la série est diffusée.*
Parce que construire ensemble un monde plus équitable, ça commence dès aujourd'hui dans le magasin près de chez soi. »

Yvan Le Bolloc'h et Bruno Solo

REMERCIEMENTS

Merci à toutes les personnes que nous avons croisées durant l'élaboration, la préparation et la réalisation de l'aventure de *Caméra Café*.

Merci à ceux qui nous ont parlé, soutenus, encouragés, écoutés, mais aussi rudoyés, engueulés, réconciliés... À ceux qui ont souri, ceux qui ont pleuré... À ceux qui ont marché devant nous, derrière nous, puis à nos côtés...

Merci aussi à ceux qui ont hurlé, braillé, vociféré... À ceux qui ont préservé leur âme d'enfant, d'aventurier et d'artiste... Merci pour leur bienveillance, leur patience et leur confiance, leur polyvalence.

Merci à ceux qui ont fait parler leur tête, leur corps, leur chair et leur sueur... Merci à ceux qui ont gardé leurs sens en éveil, et leurs doutes en sommeil... Merci à tous sans la moindre exception !...
Et pour les autres, pas mieux.

Bruno Solo, Yvan le Bolloc'h et Alain Kappauf

TABLE DES MATIÈRES

Cet ouvrage a été imprimé par

FIRMIN DIDOT

GROUPE CPI

Mesnil-sur-l'Estrée

pour le compte des Éditions Robert Laffont
24, avenue Marceau, 75008 Paris
en septembre 2005

RÉALISATION

CASSI EDITION

Sabrina Regoui,
Marie Conjat

Imprimé en France.

Dépôt légal : octobre 2005
N° d'édition : 45980/01 - N° d'impression : 75645
ISBN : 2-221-10478-1